跟著菩薩發願

〈普賢行願品〉淺釋

鄔金智美堪布 著

目次

前言 7

大方廣佛華嚴經入不思議解脫境界普賢行願品（偈頌） 14

第一篇 初善首義 25

第二篇 中善正文 33

1 實修成就願的因：積資淨障實修法 35

一、頂禮：分為略述頂禮與廣述頂禮 36

二、供養：分為有上供養與無上供養 50

三、懺悔 68

四、隨喜 82

五、請法（請轉法輪） 87

六、請佛住世　89
七、迴向　91

2 廣說正行願　95

第一節　正行願　96
一、意樂清淨願　96
1. 供養願　97
2. 圓滿密意願　99
3. 淨化佛剎願　100
4. 利益眾生願　103
二、不忘覺心願　107
1. 憶念宿命願　107
2. 出家願　110
3. 學諸行與淨戒願　114
4. 依諸語說法願　116
5. 勤修六度願　120

6. 由前五因而不忘覺心願 149

7. 遠離障礙願 155

三、不染妙行願 160

四、利樂眾生願 162

五、披甲精進願 167

六、不離道友願 171

七、依善知識願 178

八、現前供佛願 182

九、護持正法願 184

十、獲功德藏願 188

十一、趣入行境願 191

1. 親見佛與剎土願 191

2. 趣入佛語願 194

3. 趣入轉法輪願 196

4. 趣入諸劫願 198

5. 見諸如來願 200

6. 入佛行境願 207

7. 勤修佛剎願 208
8. 如來前趨願 212
十二、十力願 214
十三、對治願 222
十四、事業願 233
十五、隨學願：又分為隨學諸佛願、隨學菩薩願 239
1. 隨學諸佛願 239
2. 隨學菩薩願 241
十六、依總結顯示迴向願 246
第二節 顯示願的邊際 248

3 敘述〈普賢行願品〉功德利益之總結願 251
第一節 行願之功德利益分三：略述、廣述、攝述 252
一、略述 252
二、廣述 258

三、攝述 274

第二節 迴向具功德之願 276

一、趨入菩薩的迴向願 276

二、趨入諸佛的迴向願 278

三、迴向願果現前願 280

四、迴向獲佛親予授記願 283

五、迴向授記已利益眾生願 285

第三篇 後善末義 289

一、迴向持誦行願之善根 290

二、順述譯者行願之義 293

三、行願終跋 294

後跋 295

前言

《華嚴經》是由佛陀授記的龍樹菩薩自龍宮迎請到人間後廣為弘揚的經典。其中最後一品〈普賢行願品〉乃是《華嚴經》的精華，所以古印度論師特別把〈普賢行願品〉抽出來單獨流通，並紛紛為此撰著釋疏。如西藏大藏經《丹珠爾》中，由印度論師所造的釋本有宣稱為龍樹造的《普賢行願大王會疏》、世親造的《聖普賢行願注》、陳那造的《聖普賢行願義攝》、釋迦友造的《聖普賢行願王廣注》、阿闍黎莊嚴賢造的《聖普賢行願王廣注》等五部注疏。

此外，在旁塘與鄧噶大藏經的目錄中提及功德光造《普賢行願品釋》，以及西藏譯師益西德在自己所著的《普賢行願品釋》的後跋中，也提到桑傑扎巴撰著《普賢行願品釋》，然而至目前為止，尚未聽說有人見過此二釋本，據說法國國家圖書館保存了來自敦煌的缺後跋藏文手抄本《普賢行願品釋》，可能就是其中之一，留待日後考證。總之，從那麼多論師為〈普賢行願品〉作注，可知此經在印度受重視的程度。

在雪域西藏，自從毗盧遮那等大譯師陸續翻譯印度佛經，後人結集為大藏經《甘珠爾》與《丹珠爾》，其中廣為流傳的〈普賢行願品〉版本乃由西藏譯師益西德譯為藏文、大譯師毗盧遮那校訂，據說從那時起，〈普賢行願品〉成為每位修行人必誦的一部經，此後亦有許多西藏論師為此作釋，例如譯師益西德所造的《普賢行願品釋》、多羅那他的《普賢行願品廣釋‧諸聖者之密庫》、洛欽大譯師的《普賢行願品略釋‧入諸聖者傳記之門》、章嘉大師的《普賢行願品略釋》、覺尼紮巴夏珠的《普賢行願品釋‧闡明佛子浩瀚行要義之日輪》以及札巴堅參尊者的《普賢行願品辭釋‧自諸善說中摘錄》等。除此之外，巴楚仁波切、米龐仁波切、法王如意寶晉美彭措等大德均非常重視並大力弘揚〈普賢行願品〉。

由於傳承的關係，藏傳佛教分為四大教派，無論是上師灌頂、講經或舉辦消災、祈福法會，每一教派最後都一定以〈普賢行願品〉來迴向。藏傳佛教中的噶舉、寧瑪、覺囊派等，迄今每年都在印度金剛座（菩提伽耶）舉辦「普賢行願大法會」，主要就是共修〈普賢行願品〉；薩迦派則在佛陀的誕生地藍毗尼舉辦。從每個教派都經常恭誦〈普賢行願品〉來看，此經在藏傳佛教扮演著重要的角色。

《華嚴經》在漢地翻譯的版本有三種，在東晉時已被譯出，即《六十華嚴》；唐武則天時譯為《八十華嚴》。之後，唐朝貞元年間譯為《四十華嚴》，其最後一品就是〈普賢行願品〉，完整的題名是「入不思議解脫境界普賢行願品」。漢傳華嚴四祖清涼國師云：「西域相傳，〈普賢行願品〉為略《華嚴經》，《大方廣佛華嚴經》為廣〈普賢行願品〉，以今觀之，理實然矣。」並著有《華嚴經普賢行願品疏》。宗密大師（華嚴五祖）是清涼大師的學生，他把清涼大師的註解再加以解釋即為《普賢行願品別行疏鈔》。還有，清末民初的諦閑法師撰著《普賢行願品輯要疏》，印光大師將其歸納為淨土宗的《淨土五經》之一，之後〈普賢行願品〉在漢地廣為宏揚。古人云：「不讀華嚴，不知佛家富貴。」而

《華嚴經》的精華就是〈普賢行願品〉。因此，直到現在仍有許多漢傳的大德爲其作釋或講記，由此可知，對漢傳佛教而言，這部經也占有相當重要的地位。

善財童子從一開始依止文殊菩薩直至普賢菩薩，總共經歷五十三位❶善知識的教導。其中，彌勒菩薩傳授菩提心的利益，最後普賢菩薩則授予〈普賢行願品〉。其內容概分爲三部分：一、成就願的因——累積資糧、淨除罪障的修法；二、廣說正行願文；三、敘述行願的功德利益。有人質疑既然〈普賢行願品〉是由普賢菩薩傳授的，然爲何歸類爲經而不是論呢？其實佛經是以三種方式形成的：佛親自講述的經、佛開許的經、佛加持的經。此經屬於後二者，既是佛陀開許的又是佛陀加持的經。

《華嚴經》是經中之王，學習此經的功德不可思議。在古印度，有人讀誦《華嚴經》之後用水洗手，結果凡是沾到此水的蟲蟻都因此投生爲天人。《華嚴經》的精華〈普賢行願品〉，其意涵更是深廣無比。然而我的智慧淺薄，無法一一道盡。由於法王如意寶晉美彭措、揚唐仁波切以及上師德巴堪布等善知識對此經極爲重視且大力推廣，我們應當對此經生起堅定的信心。上師們也希望藉由解說這部經使我們與殊勝的教法連結，在心續中種下善的種子。

由於念誦此經的功德極爲殊勝，如〈普賢行願品〉云：「若人於此普賢願，讀誦受持及演說，果報唯佛能證知，決定獲勝菩提道。」因此有很多人發願每天念誦一遍〈普賢行願品〉，故我講解時著重在字義上做簡單的解釋，希望即使沒有聞思修多年的人也能輕易地吸收、理解。如此在念誦此經時，便能隨著文字理解其中的意思，這就是隨文解義。若能如此，則有助於我們對佛法生起堅定不移的信心。

西藏有位聲名遠播的修行人叫作尊珠達吉，是毗盧遮那譯師的化身，曾經依止一〇八位善知識，聞思修各方面極爲出類拔萃，世人稱之雅德班欽。他曾說：「閉關、持咒等諸

註釋：
❶也有一〇八位善知識的說法。

多修行的方法中，我始終認爲〈普賢行願品〉是最殊勝的。所以我的主要修行就是〈普賢行願品〉。」另外有位上師名叫色喀喇嘛，他非常注重修行，終其一生以修〈普賢行願品〉爲主，加持別人時念誦〈普賢行願品〉、超渡時也是念〈普賢行願品〉、灌頂時也念〈普賢行願品〉，如此極具修證的上師也認爲沒有比〈普賢行願品〉更加殊勝的修持了。

益西彭措堪布在《普賢行願品講記》中提到：「我想起法王晚年意味深長的話語，二〇〇〇年，法王說：『現在我對什麼都不希求，但對僧眾每天能念誦一遍〈普賢行願品〉卻有強烈的希求心。如果僧眾每天能如法念一遍〈普賢行願品〉，我住在世間也覺得有意義。』大家想想，法王不希求其他，但對僧眾如法念一遍〈普賢行願品〉卻有強烈希求心。如果念誦本經沒有深遠的意義，法王會如此斷定地表示嗎？大家這次學習〈普賢行願品〉，要珍惜因緣。這對我們修持菩提道具有極深遠的意義。希望發起殷重心來學習，不要把無上寶法看輕了，不然當面錯過，就會失去大意義。」

據說阿底峽尊者也曾講過：「如今不論是累積資糧或發願，恆常念誦往昔佛陀金口所宣說的，如〈普賢行願品〉那樣的願文，是十分殊勝的。」所以有機會學習此經是極珍貴、難得的，爲了不浪費此寶貴的人身，請盡量每天念誦並隨文發願，這非常重要，如《寶積經》云：「諸法依緣生，住於意樂上，何者發何願，將獲如是果。」

此書是我在臺北講課的內容，由幾位發心的居士辛苦謄寫成文字，但我發現內容不夠嚴謹、完善，因此於閉關期間根據之前簡繁體版本稍作修改與增補，並擷取札巴堅參尊者所著的《普賢行願品辭釋．自諸善說中摘錄》部分內容，加以整理，在本書中以「概要」的方式呈現。最後，因爲自己的修行與中文表達能力均有不足，一定有許多遺漏、疏失、錯謬之處，懇請諸智者不吝指正。最後，我誠摯地發願希望本書能成爲初學者修道上的一幅地圖，引導還不知該如何發願的學子修學普賢行願，並且能夠速疾成就普賢願海。

鄔金智美

二〇二二年二月十九日

大方廣佛華嚴經
入不思議解脫境界普賢行願品（偈頌）

唐罽賓國三藏般若奉詔譯

所有十方世界中，三世一切人師子，
我以清淨身語意，一切遍禮盡無餘。
普賢行願威神力，普現一切如來前，
一身復現刹塵身，一一遍禮刹塵佛。
於一塵中塵數佛，各處菩薩眾會中，
無盡法界塵亦然，深信諸佛皆充滿。

各以一切音聲海，普出無盡妙言辭，
盡於未來一切劫，讚佛甚深功德海。
以諸最勝妙華鬘，伎樂塗香及傘蓋，
如是最勝莊嚴具，我以供養諸如來。
最勝衣服最勝香，末香燒香與燈燭，
一一皆如妙高聚，我悉供養諸如來。
我以廣大勝解心，深信一切三世佛，
悉以普賢行願力，普遍供養諸如來。
我昔所造諸惡業，皆由無始貪瞋癡，
從身語意之所生，一切我今皆懺悔。
十方一切諸眾生，二乘有學及無學，
一切如來與菩薩，所有功德皆隨喜。

十方所有世間燈，最初成就菩提者，
我今一切皆勸請，轉於無上妙法輪。
諸佛若欲示涅槃，我悉至誠而勸請，
唯願久住剎塵劫，利樂一切諸眾生。
所有禮讚供養福，請佛住世轉法輪，
隨喜懺悔諸善根，迴向眾生及佛道。
我隨一切如來學，修習普賢圓滿行，
供養過去諸如來，及與現在十方佛。
未來一切天人師，一切意樂皆圓滿，
我願普隨三世學，速得成就大菩提。
所有十方一切剎，廣大清淨妙莊嚴，
眾會圍繞諸如來，悉在菩提樹王下。

十方所有諸眾生，願離憂患常安樂，
獲得甚深正法利，滅除煩惱盡無餘。
我為菩提修行時，一切趣中成宿命，
常得出家修淨戒，無垢無破無穿漏。
天龍夜叉鳩槃荼，乃至人與非人等，
所有一切眾生語，悉以諸音而說法。
勤修清淨波羅蜜，恆不忘失菩提心，
滅除障垢無有餘，一切妙行皆成就。
於諸惑業及魔境，世間道中得解脫，
猶如蓮華不著水，亦如日月不住空。
悉除一切惡道苦，等與一切群生樂，
如是經於剎塵劫，十方利益恆無盡。

我常隨順諸眾生，盡於未來一切劫，
恆修普賢廣大行，圓滿無上大菩提。
所有與我同行者，於一切處同集會，
身口意業皆同等，一切行願同修學。
所有益我善知識，為我顯示普賢行，
常願與我同集會，於我常生歡喜心。
願常面見諸如來，及諸佛子眾圍繞，
於彼皆興廣大供，盡未來劫無疲厭。
願持諸佛微妙法，光顯一切菩提行，
究竟清淨普賢道，盡未來劫常修習。
我於一切諸有中，所修福智恆無盡，
定慧方便及解脫，獲諸無盡功德藏。

一塵中有塵數剎，一一剎有難思佛，
一一佛處眾會中，我見恆演菩提行。
普盡十方諸剎海，一一毛端三世海，
佛海及與國土海，我遍修行經劫海。
一切如來語清淨，一言具眾音聲海，
隨諸眾生意樂音，一一流佛辯才海。
三世一切諸如來，於彼無盡語言海，
恆轉理趣妙法輪，我深智力普能入。
我能深入於未來，盡一切劫為一念，
三世所有一切劫，為一念際我皆入。
我於一念見三世，所有一切人師子，
亦常入佛境界中，如幻解脫及威力。

於一毛端極微中，出現三世莊嚴剎，
十方塵剎諸毛端，我皆深入而嚴淨。
所有未來照世燈，成道轉法悟群有，
究竟佛事示涅槃，我皆往詣而親近。
速疾周遍神通力，普門遍入大乘力，
智行普修功德力，威神普覆大慈力。
遍淨莊嚴勝福力，無著無依智慧力，
定慧方便威神力，普能積集菩提力，
清淨一切善業力，摧滅一切煩惱力，
降服一切諸魔力，圓滿普賢諸行力。
普能嚴淨諸剎海，解脫一切眾生海。
善能分別諸法海，能甚深入智慧海。

普能清淨諸行海，圓滿一切諸願海，
親近供養諸佛海，修行無倦經劫海。
三世一切諸如來，最勝菩提諸行願，
我皆供養圓滿修，以普賢行悟菩提。
一切如來有長子，彼名號曰普賢尊，
我今迴向諸善根，願諸智行悉同彼。
願身口意恆清淨，諸行剎土亦復然，
如是智慧號普賢，願我與彼皆同等。
我為遍淨普賢行，文殊師利諸大願，
滿彼事業盡無餘，未來際劫恆無倦。
我所修行無有量，獲得無量諸功德，
安住無量諸行中，了達一切神通力。

文殊師利勇猛智，普賢慧行亦復然，
我今迴向諸善根，隨彼一切常修學。
三世諸佛所稱歎，如是最勝諸大願，
我今迴向諸善根，為得普賢殊勝行。
願我臨欲命終時，盡除一切諸障礙，
面見彼佛阿彌陀，即得往生安樂剎。
我既往生彼國已，現前成就此大願，
一切圓滿盡無餘，利樂一切眾生界。
彼佛眾會咸清淨，我時於勝蓮華生，
親睹如來無量光，現前授我菩提記。
蒙彼如來授記已，化身無數百俱胝，
智力廣大遍十方，普利一切眾生界。

乃至虛空世界盡，眾生及業煩惱盡，
如是一切無盡時，我願究竟恆無盡。
十方所有無邊剎，莊嚴眾寶供如來，
最勝安樂施天人，經一切剎微塵劫。
若人於此勝願王，一經於耳能生信，
求勝菩提心渴仰，獲勝功德過於彼。
即常遠離惡知識，永離一切諸惡道，
速見如來無量光，具此普賢最勝願。
此人善得勝壽命，此人善來人中生，
此人不久當成就，如彼普賢菩薩行。
往昔由無智慧力，所造極惡五無間，
誦此普賢大願王，一念速疾皆消滅。

族姓種類及容色，相好智慧咸圓滿，
諸魔外道不能摧，堪為三界所應供。
速詣菩提大樹王，坐已降服諸魔眾，
成等正覺轉法輪，普利一切諸含識。
若人於此普賢願，讀誦受持及演說，
果報唯佛能證知，決定獲勝菩提道。
若人誦此普賢願，我說少分之善根，
一念一切悉皆圓，成就眾生清淨願。
我此普賢殊勝行，無邊勝福皆迴向，
普願沉溺諸眾生，速往無量光佛剎。

【第一篇】

初善首義

〈普賢行願品〉的內容分三：

一、初善首義；

二、中善正文；

三、後善末義。

初善首義分二：

一、釋題；

二、譯禮。

一、釋題

釋題就是解釋題名，也就是經名。古時印度有四種語言，佛陀以其中的梵語來宣講正法，所以〈普賢行願品〉經名以梵語來說是「阿雅 巴札 雜雅 札尼達那 熱札」（Ārya-bhadra caryā praṇidhāna rāja）。

阿雅（Ārya）指大乘的聖者。何謂聖者？藏文的「聖」（'phgs pa）本身就是超越的意思，因爲殊勝、超越凡俗之地以及聲聞、緣覺等，故稱爲聖。

巴札（bhadra）是普賢的意思，因爲此行願乃由普賢菩薩用開示的方式教授善財童子，故稱普賢；其次，證得自他圓滿並且遠離一切過患，故爲普賢；普賢亦是諸佛菩薩的總稱，因爲匯集一切諸佛菩薩的菩提行願。揚唐仁波切在傳授〈普賢行願品〉時曾有簡短的開示：「心很好、行爲很好、所得到的結果也很好，故稱爲普賢。」我們說菩薩心腸就是因爲這人心很好，像菩薩一樣，一切所作所爲均能利益眾生。

雜雅（caryā）意爲行爲，與《入菩薩行論》的「行」是一樣的意思。此處爲何要提到行爲呢？因爲這部經總集一切菩薩的行爲，諸菩薩的行爲亦即普賢菩薩的行爲，故說「普賢行」。

札尼達那（praṇidhāna）就是願望、祈願。這部經也是講述諸佛菩薩的殊勝願望，尤其普賢菩薩以「大願」著稱，故此經名爲「普賢行願」。

熱札（rāja）的意思是王，〈普賢行願品〉乃是行願之王，因爲佛菩薩的一切願都包含在這部經中，沒有比這更殊勝的願了，若發此願就不需要再發其他願，故稱爲願王。人類當中最有權勢的人被稱爲王，〈普賢行願品〉亦是如此，因爲沒有一個願不被涵攝於此，故爲願中之王。

總之，梵語「阿雅 巴札 雜雅 札尼達那 熱札」就是「聖普賢行願王」的意思。爲什麼一定要用梵語來表達題名呢？爲了在我們的相續中播下梵語的種子，以便將來有機緣能聽聞未來諸佛用梵語宣講佛法，此外，也能說明此經的來源可靠，西藏所有的經、論都是如此。現今若想寫一本書，只要內容沒有違反國家的政治、法律，怎麼寫都可以，出版社願意或是自己出錢就可以印刷流通了。然而，往昔在印度，無論是結集經典或撰著論疏，都必須通過國王與諸智者的嚴格審核，不可隨意撰寫，如被發現有違背佛經之處，就把此書綁在狗尾巴上遊街，加以羞辱後燒掉。據說人聞到這梵燒的味道也會墮入地獄，並且還要嚴懲作者，諸如此類，故印度的經論是非常可靠的。

二、譯禮

譯禮就是翻譯者所寫的頂禮句。以前西藏的譯師將經論翻譯爲藏文時，會在前文放頂禮句，稱爲譯禮。〈普賢行願品〉藏文版的首句「འཕགས་པ་འཇམ་དཔལ་གཞོན་ནུར་གྱུར་པ་ལ་ཕྱག་འཚལ་ལོ།」（帕巴 蔣貝 匈努久巴拉 洽察洛）即爲譯禮，意思是「頂禮聖文殊童子」。「聖」就是前面說過的，超越凡俗之地與聲聞、緣覺而得到聖者之法；「文殊」是梵語，表示滅盡煩惱障與所知障並且圓滿自他二利。爲什麼要說「童子」？因爲文殊菩薩曾以十八歲或十六歲的樣貌來度化眾生，或者說是以八地菩薩的形象去度化眾生，而八地菩薩又稱童子地，也可以如此解釋。

爲何譯師要放「頂禮聖文殊師利童子」？一是譯師爲了消除翻譯經論時的障礙，二是因爲可以從頂禮句來分辨此書屬於經藏、律藏或論藏。至於〈普賢行願品〉究竟屬於三藏中的哪一藏？因爲是頂禮文殊菩薩，所以屬於論藏。西藏國王赤熱巴堅曾規定：經藏要頂禮諸佛菩薩，論藏要頂禮文殊菩薩，律藏頂禮遍知釋迦牟尼佛。所以西藏的佛經從頂禮句就可看出本書屬於哪一藏了。

若有人問：在前言中不是將〈普賢行願品〉歸類爲經藏嗎？這裡要稍作解釋，通常無論是佛所說的或是開許、加持的教法稱爲「經」，而佛弟子如菩薩、阿羅漢等所造的教法稱爲「論」。以經、論來說〈普賢行願品〉屬於經藏，但是經、論二者均可再分經、律、論三藏，而〈普賢行願品〉即屬於經中的論藏，如堪布阿瓊仁波切在《前行備忘錄》中說：「顯密一切教法都不超過三藏、三學的範疇。小乘中律藏、經藏、論藏是三藏，而律藏、經藏、論藏的教義依次第是戒學、定學、慧學。菩薩乘中宣講菩薩道根本墮的詳細分類是律藏，其一切的教義屬於戒學；宣說所有三摩地門的一切義則是經藏，修行其教義如暇滿難得等等，乃屬定學；十六空性或二十空性的所有能詮（文句）則是論藏，其一切所詮（意義）屬於慧學。在密乘中，密宗金剛乘誓言處的所有能詮是律藏，其教義屬於戒學；共同生起次第、圓滿次第的能詮屬於經藏，其教義屬於定學；大圓滿的一切能詮是論藏，其教義是慧學。總而言之，以上所有經論及所詮，無不包含在三藏、三學之中。」而此經主要講述的是慧學，故屬於論藏。

【第二篇】

中善正文

中善正文分三：

一、實修成就願的因：積資淨障實修法；

二、廣說正行行願；

三、敘述〈普賢行願品〉功德利益之總結願。

1

實修成就願的因：積資淨障實修法

本書主要講述菩薩利益眾生的諸多大願，然而若要成就所發的願一定要有因，無因、無緣無法成就願，成就願的因就是積資淨障。積資淨障又分爲七個部分，藏傳佛教稱爲「七支供」，即頂禮支、供養支、懺悔支、隨喜支、請法支、住世支、迴向支；漢傳佛教則稱爲「普賢十大願」，此處的「願」其實就是指成就願的因，而非通常所說的發願。

很多佛經都有提到成就願的因，如受持清淨戒律等也是成就願的因，若守戒非常清淨，則此人所發的願就容易成就；或是遇到殊勝的對境如菩薩、阿羅漢等，在他們面前發願也會很快獲得成就。接著略述積資淨障的「七支供」：

一、頂禮：分爲略述頂禮與廣述頂禮

1. 略述頂禮

所有十方世界中，三世一切人師子，

我以清淨身語意，一切遍禮盡無餘。

〔概要〕在所有十方❶世界當中，無論是過去佛、現在佛和未來佛，我皆以最誠摯、最清淨的身語意，無有遺漏地頂禮一切諸佛。

頂禮的方法有很多種，如身頂禮、語頂禮、意頂禮，此處偈頌的科判為略頂禮，就是簡略敘述頂禮的意思。前兩句是在描述頂禮的對境，即十方三世一切諸佛，「三世」就是過去、現在、未來的時間狀態。「人師子」一詞在藏文版直接就寫「人獅子」，為何要稱「人獅子」？這是以比喻來形容佛超越所有人、天而成為人天之王，就像萬獸之王的獅子，只要一抬頭，其他動物立即緊張得不敢叫也不敢跑，或獅子猛然一吼，所有動物都嚇得四處逃竄。

❶十方：東、南、西、北四方，東南方、西南方、東北方、西北方等四隅，還有上、下二方。

如世親菩薩在《普賢行願品釋疏》中云：「何謂獅子？他人對其皆感畏懼，而自己無所畏懼。世尊於人天界中亦復如此，故謂獅子。」同樣地，佛講的教法，任何邪魔外道或是人天無有能夠超越的，因此，佛陀堪為人天之王，故稱「人獅子」，亦為佛的別名。總而言之，「三世一切人師子」是指過去佛、現在佛以及未來將成佛的一切諸佛。

在佛前頂禮的人是誰呢？是自己，往昔普賢菩薩發過的願，現在自己也來發同樣的願，所以此經中提及的「我」要想成是自己。如何頂禮呢？就是以清淨的身語意來頂禮。身體的頂禮有很多種，如大禮拜或小禮拜。無論是哪一種，都一定要五體❷觸地。語頂禮則是諷誦本文的頂禮句「所有十方世界中……」或是其他頂禮語。意頂禮就是以非常虔誠、清淨無私的心來頂禮。總之，「我以清淨身語意，一切遍禮盡無餘」，就是以清淨的身語意遍禮十方諸佛，沒有一尊佛不被頂禮，全部都要頂禮。

從前有一名比丘頂禮一座供奉佛陀頭髮、指甲的佛塔，阿難尊者請問世尊這樣頂禮的功德為何？世尊答：「頂禮一次將獲得自己身下所壓的面積直至金剛大地以上所有微塵數的轉輪王位，然其功德之邊尚不可盡。」意即頂禮一次佛像、佛經或是舍利塔等，其功德利益是從自己的身體頂禮所覆蓋的地面直至黃金地基❸之間的所有微塵，每一塵土都代表著頂禮者將來生為轉輪聖王的次數，有多少塵土就轉生多少次轉輪聖王，僅僅頂禮一次就有這般功德利益，所以頂禮的功德眞的非常廣大。頂禮時態度要很恭敬，這很重要。

臺灣有很多大大小小的道場，有些道場在大殿的入口處標示「脫鞋」，這樣很好，但有些卻沒有強調，所以常常有人不脫鞋就進去頂禮，其實佛經裡講不脫鞋頂禮的果報是來世成為有蹄的動物，因此一定要脫鞋頂禮。如果天氣很冷，可以把鞋子脫掉，然後踩在鞋子上面來頂禮。西藏的冬天非常冷，然而除非是三步一拜，如時常可見有人從家鄉拜到拉薩，否則無論是佛殿或是其他任何地方，都是脫掉鞋子以後才頂禮，沒有人穿著鞋子頂

❷五體就是指額頭、雙手、雙膝。
❸《俱舍論》說地的最下面仍是虛空，虛空上面有風輪，其上下雨時變成黃金地基，再上去是大海，更上一層就是四大洲。

禮，這點要非常小心。因爲頂禮是爲了累積福報、淨除罪障而頂禮，不是爲了變成有蹄的動物。

經中說僅是合掌的功德就不可思議了。就算僅有一隻手的人若做合掌狀，功德也同樣不可思議。對此有一則眞實的故事可以證明：上海的一屠夫在臨終前，有位雲遊僧前來爲他講說因果道理，他因此對佛法生起了信心，於是伸出一隻手做出合掌的姿勢後便去世了，後來他的家人都夢到屠夫對他們說：「我明天將投胎至鄰居的豬圈中，當你們看到長著一隻人手的小豬，那就是我，請你們一定要救牠。」隔天他的家人跑去鄰居的豬圈，眞的看到一隻剛出生就長著人手形狀的小豬，於是便討了這隻小豬帶去寺院放生。所以我們去寺院、佛塔或路上看到僧人時，如果沒有時間頂禮，至少合掌行禮也會累積功德利益。

繞佛的功德也是如此，阿底峽尊者曾說：「在有爲法的善業中，無有超越繞佛的功德。」古時候在印度有人繞著城市行走，好比繞行臺北市，還不是繞佛塔，光是這樣就有很多聖者得到成就，可見繞佛非常重要，可以產生很大的功德。一般顯教的道場比較看不到可以繞佛的地方，有些寺廟可以繞行，有些寺廟則是沿著山壁建立，後面無路可繞，如果是這樣，在佛堂裡繞佛也很好。《普賢上師言教》講述皈依時提到，要時常觀想皈依境在自己右肩的虛空中，這樣每天走路都有繞佛的功德。因此，當我們朝聖時，觀想佛法僧三寶在自己右肩上方的虛空中，走路時就會有繞行三寶的功德利益，這至關重要。

2. 廣述頂禮：分為身頂禮、意頂禮、語頂禮。

2-1 身頂禮

普賢行願威神力，普現一切如來前，
一身復現剎塵身，一一遍禮剎塵佛。

〔概要〕藉由普賢菩薩行願的力量，明觀如親見諸佛一般，在諸佛菩薩的面前，自己化現為量等所有刹土微塵數的無數身，每一身都恭敬合掌、五體投地，恆時頂禮等同一切刹土微塵數的諸佛菩薩。

「普賢行願威神力」，即藉由對「普賢行願」生起的信心，或是嚮往大菩薩行願的力量、功德利益，因而「普現一切如來前」，自己的身體遍現在所有諸佛的面前；「一身復現刹塵身」，我的身體「復現」即不斷地化身為眾多的身體，「刹塵身」指化身的數量與十方刹土的所有微塵數量相同；「一一遍禮刹塵佛」，觀想自己化現的每一身體，遍禮所有刹土微塵數的諸佛。寂天菩薩也說過：「化身微塵數，匐伏我頂禮，三世一切佛，正法最勝僧。」頂禮時要觀想三千大千世界中，所有塵土數量的眾生和我一起頂禮佛、法、僧，如是僅頂禮一次的功德就不可思議了。

大部分的人應該都知道身體頂禮的方法，合掌時掌心要微空，不要完全貼合，否則就是外道的頂禮法。如《大解脫經》云：「如蓮花待放，雙手頂合掌，無量身雲聚，頂禮十方佛。」雙手合掌看似一朵含苞待放的花，然後置於頂上，觀想掌心有一如意寶發光，照射在十方諸佛菩薩身上，並化現爲無數供養品供養諸佛菩薩，然後光又返回照射自己並融入己身，此時要觀想我已經得到諸佛的身功德，消除自己殺生、偷盜、邪淫等三種身惡業的罪過。

語頂禮時，要合掌置於喉間，同樣地，掌中的如意寶放光照射至諸佛菩薩的喉間，表示對語的供養，然後光又照射自己並融入喉間，觀想我已得到諸佛菩薩的語功德，消除自己綺語、兩舌、惡口、妄語等四種語惡業。意頂禮時，合掌置於心間，同樣地，掌中的如意寶放光照射至諸佛菩薩的心間，代表意的供養，然後光又收攝回來融入自己的心間，觀想我已得到諸佛二十一無漏等意的功德，完全消除自己貪心、害心、邪見等意惡業。

接著慢慢往下跪拜，一定要五體投地，有些人頭未觸地即起身，這是不如法的，頭一定要磕碰到地。五體投地跪拜時，觀想去除自己與有情眾生的五毒煩惱，而獲得諸佛的身語意功德事業加持等，如《大圓滿前行引導文》云：「以五體觸地頂禮而清淨五毒煩惱之障，獲得身、語、意、功德、事業五種加持等。」

印度有很多不同的頂禮方法，西藏僅分為大禮拜、小禮拜兩種。大禮拜的功德有很多，薩迦班智達寫下大禮拜的功德利益，其中提到大禮拜可以化解我們身體中的諸多脈結，脈結就是由貪瞋癡煩惱凝結成的，把結打開後，我們的心就能沉澱，心沉澱之後，容易看到自己的本性而易於入定。故大禮拜有種種的利益，能成就諸多殊勝的功德。此外，若能持續不斷地做大禮拜，不僅可化解自己的脈結，化解之後身體也會自然健康，同時也圓滿了累積資糧與淨除罪障。

2-2 意頂禮

於一塵中塵數佛，各處菩薩眾會中，
無盡法界塵亦然，深信諸佛皆充滿。

〔**概要**〕一塵之中含有等同所有佛剎微塵數量的諸佛，每一尊佛均被眾多菩薩有條不紊地圍繞著，一切無盡的法界當中皆是如此，我以清淨意樂與無上的信心來遍禮諸佛。

「於一塵中塵數佛」，每一塵中都具有三千大千世界微塵數量的諸佛。依據《俱舍論》山河大地等任何物質的基礎是微塵，所謂一由旬是八俱盧舍所成，一俱盧舍是五百步弓所成，一步弓是四肘所成，一肘是二十四指所成，一指的寬度是七個蝨子大小所成，一個蝨子是七個蟣（蝨子卵）所成，一個蟣是七個日塵所成，一日塵是七個牛塵（牛的毛尖）所成，一牛塵是七個羊塵所成，一羊塵是七個兔塵所成，一個兔塵是七個水塵所成，一個水塵是七個鐵塵所成，一個鐵塵是七個微塵所成，所以微塵是物質的最小單位。

以現代物理學來講，表層的物質是由分子所成，分子是由原子所成，原子則由電子與原子核所成，原子核是由中子與質子所構成，中子與質子則是由夸克與亞夸克所成，夸克包含微子與虛粒子，目前科學家發現最小、最基礎的物質就是量子場。此處的「一塵」即是一微塵，也就是最小的物質單位，當中卻具有所有剎土微塵數量的諸佛，如此最小單位的微塵中居然有無窮無盡的諸佛，實在令人難以想像。

「各處菩薩眾會中」，是說每一微塵中不只有諸佛，還有許多菩薩等眷屬圍繞著。「無盡法界塵亦然」，法界就是虛空，遍滿虛空的其他微塵亦是如此。「深信諸佛皆充滿」，對於充斥虛空塵土中的一切諸佛，以深信（非常虔誠的心）來頂禮。這些感覺很不可思議，根本沒辦法用科學來解釋，想解釋也解釋不了。密勒日巴尊者曾因為下大雨而進去牛角裡躲雨，但是他的身體沒有變小，牛角也沒有變大，非常奇特，和這裡的意思一樣，只要證悟了空性，這些就不是什麼不可思議的事了。

如「於一塵中塵數佛」，一塵當中可以存在一切諸佛，這是什麼道裡呢？米龐仁波切在《定解寶燈論》中云：「若於現空生定解，則於無有盈與虧，淨等壇城性之中，世間空與不空等，不可思議之法性，內心定生深法忍。見一塵中塵數剎，剎那亦能現數劫，依實空幻之定解，趨至如來行境中。」這意思就是對於「色即是空，空即是色；色不異空，空不異色。」顯空雙運的道理產生完全的信解與定解，當眞正了悟顯空不二的道理時，「見一塵中塵數剎」，即一塵當中可以看見所有微塵數量的諸佛剎土，在微塵數般的剎土中見到諸佛現於其中，並被眾多菩薩眷屬圍繞著；「剎那亦能現數劫」，即一剎那的時間也可以顯現爲諸劫的時間，同樣地，諸劫的時間也可以成爲一剎那，對此道理完全沒有疑惑。

總而言之，每一塵土當中，充滿一切剎土微塵數量的諸佛與眾眷屬，我以極清淨的心深信如此這般遍滿一切的諸佛，並明觀諸佛菩薩的功德即爲意頂禮。

2-3 語頂禮

各以一切音聲海，普出無盡妙言辭，
盡於未來一切劫，讚佛甚深功德海。

〔概要〕我以各式各樣的聲音來稱讚諸佛菩薩的功德利益；以無邊美妙、悅耳動聽的言辭，於未來一切無窮無盡的諸劫中，不斷地讚嘆如來深如大海般的功德。

自己化爲無窮無盡的舌或口，發出如海般的各種妙音，如人間的眾多語言，還有如海螺、嗩吶、銅鑼、鈴杵等動聽的樂器聲，或地水火風等大自然的聲音，舉凡任何聲響都發出無窮無盡的妙言、梵音等，來讚嘆、歌詠諸佛菩薩的功德，只要諸劫尚未窮盡，我願生生世世以無窮無盡的各種妙音，來讚嘆諸佛菩薩的宏偉功德。

如打開西藏大藏經《丹珠爾》，其中有龍樹菩薩等撰寫的佛讚，而漢地弘一大師所譜寫的三寶歌，悠然悅耳，至今仍琅琅上口。《入中論》的作者月稱菩薩曾說：「妙翅飛還非空盡，由自力盡而回轉，佛德無邊若虛空，弟子菩薩莫能宣。」這意思是說金翅鳥飛翔在虛空中直至力竭而返，不是因爲碰到虛空的邊際；同樣地，諸佛的功德如虛空般無邊無際，因此即使菩薩在諸多劫當中不停地讚嘆，仍然訴說不盡。又普賢菩薩讚嘆佛云：「剎塵心念可數知，大海中水可飲盡，虛空可量風可繫，無能盡說佛功德。」因此諸佛菩薩的功德不可勝數，一切歌詠不能道盡。

其實讚嘆本身非常重要，如僧眾或道友之間互相稱讚也有很大的功德；相反地，互相排斥、譴責、嫉妒則有很大的過患。第一世多竹千仁波切曾說過，倘若道友之間產生嫉妒等，則相續中任何修行的功德皆絲毫無法產生。此外，現在有些人執持自己教派的見地，並因此無知地排斥、甚至毀謗其他教法，這是很不好的現象。蕅益大師云：「獅子身中蟲出現，催人血淚。」如同獅子一樣的佛教分為南傳、漢傳、藏傳等，倘若互相批評則犯了謗法罪並傷害了佛教，就像獸王獅子雖爲萬獸之王，任何動物都無法傷害牠，但卻被自己身上的蟲咬死一樣，讓人心酸泛淚。將此謹記於心，非常重要。

總之，從「我隨一切如來學……」開始才是真正的發願，但是發願須有成就願的因——累積資糧、淨除業障，方法包含在七支供中。第一個「頂禮支」就是對治我慢最殊勝的方法，通常有我慢的人比較不願意頂禮，比如有人去道場或是聖地，因自相續中充滿傲慢就不想頂禮，只是看一看、拍拍照而已，然後掉頭離去，這樣去聖地就沒有太大的意義。所以只要還有我慢，就應時常頂禮諸佛菩薩，自然而然我慢就會逐漸減少。

二、供養：分爲有上供養與無上供養

1. 有上供養

以諸最勝妙華鬘，伎樂塗香及傘蓋，
如是最勝莊嚴具，我以供養諸如來。
最勝衣服最勝香，末香燒香與燈燭，
一一皆如妙高聚，我悉供養諸如來。

〔概要〕我以最殊勝的妙花、成串的花鬘、悅耳的音樂、芬芳馥郁的塗香、華麗的傘蓋等，供養諸佛菩薩；還有既薄又軟的絕妙衣裳、淨地的香水、成包的粉末香、天然與製成的妙香、耀眼的明燈等，每一種供品都堆積如山，供養給諸佛菩薩。

有上供養是指還有比此更加殊勝的供養。「以諸最勝妙華鬘」，將所有最殊勝的妙花作供養，如天界的花以及娑婆世間大自然的花與人造的花等。自然界裡生長在水中、土裡、岩壁等地的花，美不勝收，數也數不盡；人造的花有用水晶、石頭、絹紙甚至還有以蔬菜、水果等做成各種琳瑯滿目的花，讓人目不暇給。《法華經》云：「若人散亂心，乃至以一花，供養於畫像，漸見無數佛。」總之，當我們在公園或路邊看到美麗的花朵時，可以用觀想的方式將此花供佛，或是念誦此處的供養偈來供養。

「伎樂塗香及傘蓋」的「伎樂」就是指音樂，音樂有很多種，如金剛鈴杵清脆響亮的聲音，或是琵琶、笛子等樂器的聲音，或是現在很流行的打擊樂器的聲音，只要是悅耳的聲音，都是很好的供養。「塗香」就是身上塗抹的香水，散發令人愉悅的味道，種類繁多；「傘蓋」象徵遮蔽魔障、守護佛法，有以珠寶、珊瑚、孔雀毛、絲綢等製成的各種傘蓋。「如是最勝莊嚴具，我以供養諸如來。」如是上述最殊勝、最莊嚴的物品，我皆以實物或觀想的方式來供養諸佛菩薩。

「最勝衣服最勝香」的「最勝衣」是指質料最好、具有輕、暖、柔等性質的衣服，如天衣等；「最勝香」又分自然天成的香如牛頭旃檀香、蛇心旃檀香等，還有人工製成的香。供養香的功德很大，根據《百緣經》，往昔在釋迦牟尼佛的時代，有一位居士一生下來即具牛頭旃檀香的香味，只要有他在的房間都聞得到此香，後來他跟隨佛陀出家證得阿羅漢果，有人請教佛陀此人身懷異香的緣故？

佛為大眾開示：「過去九十一劫前，毗婆尸佛❹於世間教化因緣圓滿，即入涅槃。波羅奈國的槃頭末帝國王建造四座寶塔以供奉佛陀舍利，並令群臣、後妃及婇女持香花入塔供養。塔地因眾人踩踏，而有毀損；有位長者不忍其頹敗破爛，於是發心以上好泥土將地抹平，並以旃檀香散灑其上，而後發願離去。長者因為修塔功德，於九十一劫皆不墮惡趣，生於人天之中，身口常散其香；後值佛世，得遇世尊，出家修行，證得道果。今日身散香味的旃檀香比丘，即是當時以旃檀香散灑塔地的長者。」所以用清淨心來供養三寶是非常重要的。

「末香燒香與燈燭」的「末香」指研成粉末的香；「燒香」即焚燒具香味的檀木、柏樹等；「燈燭」就是燈，本身具有驅逐黑暗的功能，可分油燈與電燈等。我認爲現今社會爲了環保，若能改用電燈供佛，只要具備虔誠的信心並按規定繳電費，一樣具足供燈的功德。供燈的功德也是不可思議的，如《華嚴經》云：「慧燈可以破諸闇。」《施燈功德經》又云：「在佛塔、佛殿或佛堂布施明燈的人，可以得到無數的福報。臨命終時，會產生三種智慧❺。」阿底峽尊者亦發願：「殊勝無量光明燈，賢劫千佛聖眾等，十方無量佛淨土，上師本尊護法眾，壇城聖眾作供養。父母爲主諸有情，此生以及所有世，皆能親見佛淨土，願與彌陀合爲一。三寶聖眾三根本，以眞諦力所發願，祈速成就賜加持。」若希望

❹為過去七佛的第一位佛。
❺⑴憶念善法而不忘失，平生所造的福德善事，會自然浮現心中。⑵心生歡喜，開始念佛。⑶身心清淨而沒有苦惱。（神識離開身體時，沒有病苦。）

現世即有福報，供燈是不錯的選擇。

「一一皆如妙高聚，我悉供養諸如來。」即無論是花、音樂、傘蓋、衣、香等供品，「妙高聚」就是將如須彌山一樣多的供品全部供養諸佛菩薩。

以上這些供養又可分爲眞實的供養與意幻的供養。眞實的供養是指自己若有財力，可以購買物品供養諸佛菩薩，包括各種花、燈、香、果及珠寶等。意幻供養就是以心觀想出來的供養，如《極樂願文》即有意幻的供養：「意幻七寶瑞相物，本成三千世界中，十億日月洲須彌，天人龍之諸受用，意幻供養無量光，爲利我故悲納受。」若沒有眞實供養的能力，可以用觀想的方式，如誦〈普賢行願品〉至「以諸最勝妙華鬘……」時，觀想很多的香、花等供品堆積如山，以此供養諸佛菩薩，這樣觀想的功德也非常殊勝。

就目前而言，最簡單的供養就是無論我們去何處，只要令自己悅意、生起貪念、羨慕的事物，譬如見到一棟金碧輝煌的房子，可用觀想的方式將此物供養給三寶；或看到一部進口的高級名車，很想立即擁有，此時不要執著對境，應轉而觀想供養給諸佛菩薩，如此既可止息貪念，又可生起功德。以此類推，無論是清涼的泉水，或是路上見到相好莊嚴的人，這些都是很好的意幻供養，佛經都有記載，否則任誰也沒辦法花錢買下帥哥美女來供養三寶。

心裡若能時常觀想供養三寶，自然而然就能累積很多的福德資糧，舉凡山、水、人、物等能生起悅意的事物，通通都可作意幻的供養，只要內心誠摯，三寶一定納受。因爲佛菩薩就像母親疼愛獨子般的慈悲❻，想盡辦法要讓孩子幸福，所以佛菩薩爲了讓我們累積福德資糧，只要我們以歡喜心來供養，他們肯定接受。然而，這並不表示佛菩薩需要我們

❻《大通方廣懺悔滅罪莊嚴成佛經》卷中：「善男子！譬如一城，縱廣一由旬，多有諸門，路險黑闇，甚可怖畏，有入此城，受於快樂。復有一人，唯有一子，愛之甚重，遙聞彼城，受樂無窮，即便捨子，欲入此城，是人方便，得過險道，到彼城門，一足已入，未舉一足，即念其子，尋作是念：我唯一子，來時云何，竟不將來，誰能養護？令離衆苦，即捨樂城，還向子所。善男子！菩薩慈悲，亦復如是。為憐愍故，修集五通，既修集已，垂得盡漏，而不取證。何以故？愍衆生故，捨漏盡五通，乃至行於凡夫地中。」

的供養，因爲他們已經具備如意自在（解自在）的能力，就算把石頭立刻變成黃金也是易如反掌。但因爲凡夫眾生需要累積福德資糧，故他們以慈悲來接受我們的供養。

無論供養什麼，都需具備三種條件：第一、來源清淨；第二、潔淨；第三、整齊。首先來源清淨是指供養物非由不正當的方式得到，如以偷、搶、拐、騙等方式獲取就是來源不清淨；其次是潔淨，即盛裝供品的器皿如供杯、供盤等，連同桌子都要擦拭乾淨，所供的物品也需要乾淨，這不必贅言；最後是整齊，比如供養七杯水，杯中的水不要太少也不要過滿，大概八分滿即可，而且要排列整齊，杯與杯之間的空隙不宜過大或過密。如果我們很忙，每天只供養清淨的水也可以累積福德資糧，誠如阿底峽尊者說過：「在藏地，僅僅以水累積福德也已足夠了！印度過於炎熱，因此無有西藏這樣清淨的水。」以上這些花、香、傘蓋、燈、塗等爲有上的供養。

2. 無上供養

我以廣大勝解心，深信一切三世佛，
悉以普賢行願力，普遍供養諸如來。

〔概要〕我以廣大的勝解心，即完全體解教法後產生的信心，對三世一切諸佛生起全然殊勝、甚妙的信心，然後藉由普賢行願的力量，將無上的供養——對諸佛菩薩的信心力、透過〈普賢行願品〉與聞思修所生的功德利益等，獻予遍滿十方一切的諸佛菩薩。

《大圓滿前行》提到令上師歡喜的供養有三種：一是財物的供養；二是侍奉的供養；三是修行的供養。其中第三種修行的供養是最爲殊勝的，侍奉的供養是中等的，下等的是財物的供養。對高僧大德而言，用聞思修來回報他們的恩德是最殊勝、也是最好的供養。

米龐仁波切在《中觀莊嚴論釋》云：「金糞等同聖者前，供四洲富有何用，受持彼心銘刻法，必定滿足其意願。」意即對聖者高僧大德而言，黃金與糞土是平等的，無論供養黃金或糞土，對他們而言完全一樣，所以我們只要持守高僧大德心中的殊勝教法，如理如法地修持，這樣才能滿足聖者們的意願。

藏文版此句爲「這些無上廣大的供養，顯現於每位佛菩薩面前，以對〈普賢行願品〉的信心力，普遍頂禮供養諸如來。」漢文版雖然沒有「無上」等字，但也有這樣的意思。前面花等有上的供養物，皆是由有漏的業力所形成，故說是有上的供養，那什麼是無上的供養？《入菩薩行論》云：「猶如妙吉祥❼，昔日供諸佛，吾亦如是供，如來諸佛子。」具有神變及禪定功夫的菩薩，用自己的神變或是透過禪定的力量，變現許多供品來供養諸佛菩薩，也就是幻變出這世間所沒有、最殊勝的供養，譬如如意樹、如意牛、珍寶王等。總之，無論用禪定的力量或神變的能力，變出各種殊勝的供品來供養諸佛菩薩，就是無上的供養。

因爲是無上的供養，故其功德也是無量，但在佛經中提到對如來最主要的無上供養有三種：一、發起無上正等覺之菩提心；二、執持❽如來教法；三、如實修行所聽聞正法。

2-1 發起無上正等覺之菩提心

佛教八萬四千法門的精華就是菩提心，菩提心對學佛的人來說十分重要，何以故？因為無論是修顯宗、密宗或是淨土宗、華嚴宗等，假如沒有菩提心就沒辦法成佛，頂多達到小乘阿羅漢的果位。要眞正成佛，就必須發菩提心，沒有菩提心沒辦法成佛，這是一定的。這裡說發菩提心即是無上的供養，無論我們放生、念佛或是去寺廟裡拜佛，首先都要發菩提心。那麼我們該如何發菩提心呢？如《現觀莊嚴論》云：「發心為利他，願證大菩提。」也就是為利益眾生而志取圓滿菩提。

❼妙吉祥即文殊菩薩。
❽即以聞思修持守教證二法。

菩提心依心力分三：國王般的發心、舟子般的發心、牧羊人般的發心。也許有人對菩提心的內容已經有一定瞭解與熟悉，但如同龍樹菩薩寫給樂行王的一封信❾中，以譬喻告訴樂行王：牆壁本身是白色的，加上陽光照射使牆壁顯得更明亮。這意思就是國王已經瞭解一些佛法，龍樹菩薩不過是提醒他、讓他更清楚而已，所以希望下面的解釋也有類似的功效：

一、**國王般的發心**：如何能夠成爲國王？首先要打敗敵人方能登上王位，等自己一切都安頓好後，再來照顧民眾，處理百姓生活上的問題。故以心力方面而言，自己先成佛再讓眾生成佛稱爲「國王般的發心」，也稱爲廣大欲樂之發心，其心力爲下等。

二、**舟子般的發心**：舟子就是船夫或船長，譬如從臺灣搭船前往某地，必須和船夫一起坐船過去，不可能船夫自己先抵達目的地，船上其他的人之後才到。同樣地，發願自己和所有眾生一起成佛稱爲「舟子般的發心」，也稱殊勝智慧之發心，其心力爲中等，彌勒菩薩的發心就是如此。

三、**牧羊人般的發心**：看過牧羊人是如何飼養牛、羊等牲畜嗎？首先帶牠們去吃草，吃完草後觀察牠們有沒有喝水？有沒有吃飽？有沒有狼、豹等來傷害牠們？並時時刻刻跟在牠們後面。同樣地，發願先讓眾生成佛、自己最後成佛的就是「牧羊人般的發心」，也稱爲無與倫比之發心，其非凡、巨大的心力乃爲上等，如文殊菩薩的發心或如地藏王菩薩云：「地獄不空，誓不成佛。」

菩提心依地道的界線來分有四種：資糧道與加行道時的「勝解行發心」；一至七地菩薩的「清淨意樂發心」；八至十地菩薩的「異熟發心」；成佛時的「斷障發心」。如《前

❾即《龍樹親友書》。

行備忘錄》云：「按照地的界限來分，在資糧道和加行道，稱爲勝解行發心，因爲儘管相續中生起了眞眞切切的世俗菩提心，可是對於勝義菩提心，只是以總相的方式理解或領受，而並沒有現量證悟，爲此叫作勝解行發心。從一地到七地之間，稱爲增上清淨意樂之發心，入定時滅盡染汙意，而在後得時偶爾萌生細微的我執，然而不會成爲道的違緣，所以叫作增上清淨意樂之發心。三清淨地的階段稱爲異熟之發心，先前資糧道、加行道時所發的一切願，現在得以實現，就像秋季莊稼成熟一樣，是成辦廣大利他的時間，爲此稱爲異熟之發心。佛地稱爲斷障之發心，因爲煩惱障、所知障連同習氣通通斷盡，雖然以前發世俗菩提心『乃至菩提果』的承諾之時已過，可是由於勝義發心以得而不失的方式上具存在，另外還因爲是令無量有情發心的開端，由此才叫發心的。」

菩提心以體性分二：以體性來區分，有勝義菩提心與世俗菩提心二者。什麼是勝義菩提心？依於世俗菩提心，經過長久努力的修行，最後於見道中親見諸法眞如實相——證悟遠離一切戲論、空性智慧之實義。世俗菩提心是爲利益一切眾生故而願證菩提，並依儀軌得到世俗菩提心，如菩薩戒的發心儀軌：「祈請十方一切出有壞正等覺……，如昔諸善逝，先發菩提心……。」

勝義菩提心必須透過修行、禪定的能力或是思惟空性、中觀等，直接證悟空性而獲得初地菩薩的果位後，此時的發心才是勝義菩提心。一般凡夫沒有辦法發起勝義菩提心，只能有類似的發心，比如三輪體空的布施，若沒辦法完全證悟三輪體空：「所謂布施者自己、布施的對境、所布施的善業等皆了悟爲空性。」而是以中觀的推理邏輯去觀察、抉擇，只是概略性地瞭解空性，類似這樣的發心是有的，但眞實的勝義菩提心是初地以上的菩薩才會生起。

一般凡夫可以做到的發心是什麼呢？就是世俗菩提心。世俗菩提心又分願菩提心與行菩提心，《入菩薩行論》云：「略攝菩提心，當知有二種，願求菩提心，趣行菩提心。」寂天菩薩提到願菩提心與行菩提心的差別：「如人盡了知，欲行正行別；如是智者知，二心次第別。」也就是一個是欲做（欲行），一個是正在做（正行）。欲做就是想要做的，即願菩提心；正在做的，就是行菩提心。

簡單而言，「願」就是發願，爲了利益一切眾生而發願成佛就是願菩提心；因此緣故，親自實踐布施、持戒、忍辱、精進、禪定、智慧等菩薩道，做利益一切眾生的事就是行菩提心。總之，菩提心的功德無窮無盡，在《華嚴經》中闡述很多菩提心的功德；《入菩薩行論》第一品全文亦敘述菩提心的利益；然依彌勒菩薩所言可歸納爲三種：「阻塞惡趣道，顯示善趣道，引至無老死，頂禮菩提心。」

2-2 執持如來教法

什麼是如來教法？如來是佛的別名，教法即法寶，經云：「無上救護即法寶。」法又分爲教法與證法二種，如世親菩薩在《俱舍論》中說：「佛法分二種，教法及證法，持教者唯有，說法與修法。」無與倫比的佛陀宣說八萬四千法門並結集爲十二部經，十二部經又被歸納爲經、律、論三藏，故稱三藏爲教法，以書籍的方式呈現；證法則是三藏教法的所詮，即戒、定、慧三學，爲自相續所持有的。總之，顯、密一切法均不出三藏、三學的範疇。

何謂執持教法？若能每日持誦一部完整的經論就是執持教法，如巴楚仁波切說過：「若能通達四句偈頌經文的意義，即是受持教法。」所以能背誦三藏十二部經是最好的，但若僅記住教法中最短、也是最完整的《心經》，或甚至僅背誦經中的一偈，也是執持教法者。有人已發願終生每日持誦〈普賢行願品〉《金剛經》或《心經》等，這些篇幅並不是很多，若能每日諷誦也是執持教法者。

其次是證法，即戒、定、慧三學。「戒」是什麼？自己在佛像或上師面前發誓，從今天開始絕不殺生或絕不偷盜等，這就是戒，如受了「不殺生」戒即是持執證法者。持守清淨戒律非常重要，彌勒菩薩云：「以戒律無瑕，具足清淨戒，及無矜慢戒，圓滿律儀度。」龍樹菩薩說：「戒如動靜之大地，一切功德之根本。」

無論是能走動的人類、鳥獸，或是不會移動的植物，如果沒有大地，一切物種都沒辦法生存；同樣地，一切世間與出世間功德的基礎是戒，是所有功德的來源，如世間、出世間的長壽、富裕、智慧、慈悲心、菩提心等功德，必須依靠持守清淨戒來成就，故戒是功德之本。不要說其他的功德，我們下一世若還想做人，一定要持戒清淨，否則連做人的機會都沒有，想成爲菩薩就更不可能，成佛根本不必談了。

「定」指禪定，如果我們有禪定的功夫就可以入定，定也分很多種如修寂止與勝觀等，也可以修一些簡單的慈悲喜捨四無量心的定。「慧」就是智慧，即聞思修三種智慧。總之，心相續中生起戒定慧即是執持證法。此外巴楚仁波切也曾說過：「一剎那間對三寶生起信心即屬於證法。」如此簡而易行，更應好好把握。

2-3 如實修行所聽聞正法

所聽聞的教法要盡量去修，有三個條件一定要做到：第一、要聽清楚；第二、要記在心裡。如果只是記在筆記本裡，需要時就沒辦法立即使用，比如筆記本寫了很多修忍辱的方法，既詳細又一目了然，但一下課遇到令我們生氣的對境，立刻忘記本子裡的內容，來不及翻閱，瞋心就生起了。如果我們心裡記得很清楚，無論遇到怎樣的人，因為已經記住修忍辱的方法，就可以阻擋怒氣的生起，不會輕易冒火，就像在滾水中倒入一杯冷水立刻降溫。

當然做筆記是很好的習慣，因為我們還沒有不忘總持的能力，但這只是暫時性的做法，最後還是要記在心裡。當我們在聞思修時，最大的過失就是把智慧留在法本裡，如果能將這些教法都記在腦海，在辯經或自己實修時，因為經的內容都記住了，就能立刻想起，否則即使瞭解很多法本的內容，但需要用時，可能連一句教言都想不起來。因此，將所聽聞的法銘記於心，並一再思惟其內容，這樣遇到問題時便能實際運用，這是非常重要的。

第三個條件就是實踐所聽聞、牢記在心的法。目前我們能做到的無上供養就是腳踏實地去聞、思、修。佛經說將整個三千大千世界布滿上好的供品獻給諸佛菩薩，此功德大否？當然大！但是若與僅聽聞一句佛法的功德相比，還是聽聞佛法的功德大，如《寶鬘論》云：「聞可增智慧，若具有聞思，從中定生修，獲無上成就。」此偈無上供養的要義，是以對諸佛的甚解信心以及完全相信〈普賢行願品〉所講述的無量功德，藉由這些力量來遍禮、供養一切諸佛菩薩。總之，無論是有上的供養或無上的供養，其實都是用來對治我們的吝嗇、貪愛煩惱。

三、懺悔

我昔所造諸惡業，皆由無始貪瞋癡，
從身語意之所生，一切我今皆懺悔。

〔概要〕我從無始以來至今，由貪瞋癡引起，致使身語意造下自作、教他作、見作隨喜的一切惡業，這些均在所有佛、菩薩、聲聞、獨覺聖眾面前誠摯地發露懺悔。

惡業或不善業的內容說也說不盡，但是大概可歸納爲十不善業，即由身體造作的殺、盜、淫三惡業，口造作的妄語、離間語、惡語、綺語四惡業，心所造作的貪心、害心與邪見三惡業，總計爲十惡業。接著簡單說明這些內容：

第一、殺生：不論是用兵器、毒或是藥物等任何手段蓄意斷絕有情的生命，殺了以後也沒有一點悔心。其中如果殺自己的父母、菩薩、阿羅漢等屬於嚴重的殺罪，同時也屬於五無間罪；如果殺害一般人或是墮胎等則爲中等的殺罪；殺害牛、羊、蟑螂、蚊子等旁生爲下等的殺罪。動機也有三種：爲了想要肉、皮等而殺生，是以貪心殺生；爲了剷除怨敵等，是以瞋心殺生；爲了供養或是蓋廟、建塔而覺得殺生沒有罪過，故去殺生，則是以癡心殺生。

殺生的果報繁多，簡單說有四種果報：(1)異熟果：殺生時動機強烈，死後就墮於地獄，動機中等就墮於餓鬼道，動機較弱則墮於旁生道，以上均感受痛苦長達人壽二百億年。⑵等流果分二：①感受等流果：假如從三惡道中解脫，將因過去殺生的緣故而遭受短命、多病等果報；②同行等流果：投生爲狼、豹等嗜肉的動物，即使投生爲人，也成爲喜歡殺生的屠夫等。⑶增上果成熟於自身方面：因爲過去殺生時，也同時剝奪了別人的神采等故，自己變成無有神采、衰弱、猥瑣之人；增上果成熟於外境方面：無論生於何處都是貧瘠荒涼且經常受到病魔、怨敵、強盜等威脅。⑷士用果：只要造了殺業，在今生壽命未盡之前，惡業都會與日俱增，生生世世感受無邊的痛苦，在輪迴中徘徊。

第二、偷盜：別人沒有把所擁有的財物送給自己，而想方設法將他人財物據爲己有的一切行爲全都屬於偷盜，無論自己親自竊取或唆使他人偷取，二者的罪過完全一樣。這也是由貪瞋癡引起的，但主要是貪心。其中如果偷的是道場、三寶、父母等的財物，果報更加嚴重。

偷盜的果報也有四種：⑴異熟果報與前相同。⑵感受等流果：從三惡道解脫投生爲人後，也因過去的果報而成爲乞丐、奴僕等；或是自己雖有微少的財富，也會有遭強盜搶劫、遺失、被竊、生意虧損等痛苦。同行等流果：生生世世都喜歡行竊、詐騙，即使投生為旁生，也成為愛偷盜的老鼠、烏鴉等。⑶增上果：成熟於自身者則形貌猥瑣、受人輕賤等；成熟於外境與前相同。⑷士用果：與殺生果報相同。

第三、邪淫：因為受了沙彌戒以上的出家人，必須從根本上斷除不淨行，因此邪淫是在家人持守的戒律，也就是除了自己的妻子或丈夫之外，不能和他人行房。邪淫有許多種，從行為來說：如男人自出精液、召妓、產婦未完全康復即行房、於口和肛門等處交媾。從時間來說：雖然是夫妻，但於白晝、受持齋戒日、生病期間、憂愁所迫、月經期間等行房。從地點來說：道場和三寶所依處如藏經閣、佛像前、佛塔等地進行（行房），亦是邪淫，這些應當斷除。

其果報也有四種：⑴異熟果報：與前相同。⑵感受等流果：即使成為人，也將遭受妻子被他人強搶，或妻子行偷盜、性情惡劣，夫妻雙方就像仇敵相遇般整天吵鬧不休，最後離婚等。同行等流果：生生世世對異性貪得無厭，喜歡邪淫，或轉生為雞等貪心強烈的旁生。⑶增上果：成熟於自身則找不到對象，即使找到，身體也會產生問題等；成熟於外境與前相同。⑷士用果：與前相同。

第四、妄語：沒有見到本尊、鬼神等卻說見到，未證空性卻說已證悟等，這是上人法妄語，凡所說的各種欺瞞之語都屬於妄語。出家人若說妄語就破根本戒，如《因緣品》云：「無戒說妄語，剃髮非沙門，愚昧入貪慾，彼豈爲沙門？」現在很多人容易犯妄語戒，例如說自己看到神光等，需要特別注意。

其果報也有四種：⑴異熟果報：與前相同。⑵感受等流果：即使轉生爲人，卻連父母也不相信他所說的話，本想說實話卻成了妄語，以及口中發出臭味、口齒不清、講話結巴，不管走到哪裡總是遇到妄語欺騙者；同行等流果：生生世世喜歡說妄語，或轉生爲盲人等。⑶增上果：成熟於自身則即使成爲人，也如騙子一般受人輕賤，所說的話也毫無力量；成熟於外境與前相同。⑷士用果：與前相同。

第五、離間語：是指挑撥兩人之間的和睦關係。大離間語是指破壞僧眾和合，屬於五無間罪，果報非常嚴重。總之，無論是僧眾、團體或是在融洽、和睦友愛的二人之間，使其產生怨結、發生爭鬥、製造不和等都屬於離間語。其果報也有四種：⑴異熟果報：與前相同。⑵等流果報與妄語果報大致相同，感受等流果為眷屬不和、同儕不睦、無論前往哪裡都遇到說離間語的人等；同行等流果：無論生於何處，都愛說人是非長短、製造紛爭等。⑶增上果：成熟於自己則身體沒有威光、讓人厭惡等；成熟於外境與前相同。⑷士用果：與前相同。

第六、惡語：說刺傷、擾亂人心的言語。如說「打死你」「走著瞧」等各種恐嚇語；或辱罵他人為盜賊、屠夫、聾子、瞎子等；或嘲笑他人的身體缺陷：「你的臉簡直就是馬臉」「聲音好像狗叫」等都屬於惡語。廣欽老和尚說過：講話要摸著自己的良心。這是很有意思的開示，若能記得如此，就不容易講出傷人的話。果報也有四種，其中感受等流果：雖然獲得人身卻聽不到一句悅耳之語，心情時常煩躁、遭受眾人欺侮、經常擔驚受怕、猶如野獸般不得自在、常遇惡友等；增上果則是轉生於亂石堆積、荊棘叢生等不悅意的地方。其餘與前者大致相同。

第七、綺語：主要是指未經觀察，隨性講出使人生起貪瞋癡的言語，以及使人散亂等無意義的話，也就是現代人所謂的八卦。果報也有四種，與前者大致相同，其中感受等流果是即使成為人，自己在大眾面前發言的氣勢薄弱、無有辯才等；增上果是轉生於莊稼不豐、季節顛倒的地方。

第八、貪心：是指貪圖他人的財物、強盛的勢力、美麗的容貌等，心想若有辦法將這一切據為己有該有多好。果報也有四種，與前者大致相同，其中感受等流果是即使成為人，做任何事情都無法順利，且經常遇到不悅意的事；增上果則是轉生於莊稼荒蕪、地處惡劣等諸多痛苦之處。

第九、害心：是指對與自己關係不好的敵人，或即使不是敵人，但由於心懷惡意，對他人擁有的財產、受用、名譽、地位等，生起難以忍受的嫉妒心，因此居心不良，心想若是加害此人或使此人遭到不幸該有多好。果報也有四種，與前者大致相同，其中感受等流果是即使成爲人，經常遭受恐怖、畏懼和損害；增上果則是轉生於常有恐怖與損害的地方，如現今的敘利亞、阿富汗等烽火連天的國家。

第十、邪見：是指對眞理的顚倒認識。如認爲業因果非實有、前後世不存在、三寶非眞實、行善行惡都一樣、飲酒吸煙沒有過失、殺生祭神沒有罪過等都是邪見，此罪過甚大。果報也有四種，與前者大致相同，其中感受等流果是即使成爲人，將常處在邪見之中，容易被各種情況擾亂自心；增上果是轉生在缺乏財富、沒有保護者可以依靠的地方。

巴楚仁波切說過十種不善業中殺生與邪見的罪過最大，如頌云：「殺生之上無他罪，十不善中邪見重。」以上所述只是冰山一角，其他還有五無間罪等，瞭解之後一定要懺悔。我們想想自己從小到大做過的一切惡業，比如臺灣盛產海產，自己曾親手殺了多少活魚、吃了多少活蝦，在日常生活中又打死多少隻蟑螂、蚊子等殺業。這一生做過的壞事不一定都能想起來，想不起來的也有很多，前世所做的惡業就更不可能想起。總之，諸惡業包括自己能憶起的與已經忘失的種種殺生、偷盜等惡行。其實每個人的罪業都像山一樣大，這些從無始以來由貪瞋癡引起的殺生等十不善業，現在全部都要懺悔。懺悔相當重要，否則即使小小的惡業，果報也不可思議。甚至只是瞪人一眼，果報都相當嚴重。

根據經中記載，曾經有一個人從不正眼看人，總是斜眼睥睨、瞧不起人。因爲他傲慢心強，死後變成吃剩飯的餓鬼。所以寂天菩薩告訴我們：「若見有人至，正視道善來。」若遇有人來訪，當和顏悅色地看著他說：「歡迎您來！」寂天菩薩又說：「單指莫示意，心當懷恭敬，平伸右手掌，示路亦如是。」若有人問路，不要沒禮貌地以手指示路，應恭恭敬敬、右掌五指併攏平伸而示，對方問的問題一定要仔細回答；注視他人時，也要用親切的眼神對待任何一位眾生。有些人把錢扔給乞丐，這是不可以的，布施時要非常尊重對方，把錢慢慢放下；如果用丟的，感覺很不情願，倒不如不要布施的好。

幾年前加拿大有個新聞，一個小女孩把外套、圍巾穿在電線桿上，貼上紙條寫著：我並沒有迷路，如果你需要我，請帶走我。小小的動作顧慮了街友的尊嚴。這個善行也感染了許多人，紛紛學習爲電線桿穿上乾淨整齊的舊衣服，溫暖了寒冷的冬天。這很符合大乘布施的態度。布施有很多條件，要盡力圓滿，無等塔波仁波切說：「若不如法而行持，正法反成惡趣因。」

此生若沒做過這些罪業，前世或更久以前也可能做過，這些全部都要懺悔。《三聚經》（三十五佛懺悔文）提到：「若我此生，若我前生，從無始生死以來，所作眾罪，若自作，若教他作，見作隨喜……所作罪障，今皆懺悔。」其中「教他作」這樣的過失在西藏經常發生，如一些年長的居士，因爲已經是長輩了，不會親口說今天要宰殺哪一隻羊，但是會用暗示的語氣：「那隻羊好像很肥喔！」其實就是要你去宰那隻羊的意思，這就是「教他作」，是不對的。

無論是自己作、教他作或見作隨喜，罪過完全一樣。比如自己討厭的人突然遇到意外或死亡，就很高興地說：「死得好！」這樣的罪過就等同他是被你殺的一樣，罪業很大，所以不可以這樣想。無論是「自作、教他作、見作隨喜」，這些罪業都要一一懺悔，雖然我們的罪業深重，但密勒日巴尊者說過：「罪業本身沒有功德，但是依懺悔可以清淨，這是罪業的功德。」所以無論罪業多大，只要眞心懺悔，罪業一定消除無餘。

如何消除罪業呢？接著講述對凡夫初學者來說最好的懺悔方法——四對治力⑩：

1. 所依對治力：所依對治力是指懺悔的對境，可分二：內所依對治力與外所依對治力。內所依對治力即是自己內心的皈依、發心；外所依對治力是如理觀想在三寶、金剛薩埵、觀音菩薩、阿彌陀佛或上師等面前，誠心發露懺悔，相信三寶可以做我們的依靠，生起堅定的信心而無有疑惑。欲迅速懺悔罪障者以修金剛薩埵尤其殊勝，因為金剛薩埵在過去修道時曾許下諾言：「願我安住於罪業深重的眾生頂上，淨除他們的痛苦，並且凡是向我祈禱的人，都能快速地消除罪障，否則我誓不成佛。」若能將金剛薩埵觀想地很清晰是最好的，否則至少要對金剛薩埵安住在我們頭頂上無有絲毫的懷疑。

懺悔時誠心與信心非常重要，所謂的信心是指非常強烈且堅定不移的信心，雖然本師釋迦牟尼佛曾說：「凡諸比丘與智者，當如燒鍛冶鍊金，於我教誡善觀擇，非唯敬故而取信。」一般來說，觀察的智慧當然是需要的，不過最後還是一定要生起信心。如果你的智慧很高什麼都知道，若再加上堅定的信心，就非常容易清淨罪障並契入我們的本來面目——佛性。但信心若不強烈，該如何建立信心呢？《入行論》說：「畏苦思利益，能生信樂力。」應思惟因過去造作罪業而將遭受生死輪迴的諸多痛苦，若能解脫就會得到恆久不渝的安樂，因此對三寶的教誡生起信心，同時也要向上師、三寶祈禱以增強自己的信心。總之，我為了利益一切有情而發誓成佛，因此在三寶、上師、金剛薩埵等對境的面前誠心發露懺悔。

2. 厭患對治力：厭患對治力是指以強烈的悔心來發露懺悔自己所造的惡業。恰美仁波切在《極樂願文》說：「若無悔心懺不淨，昔所造罪如腹毒，以大慚畏悔懺罪。」在法

❿岡波巴大師謂懺悔四力：一、厭患對治力：身悔所做，對以往所做罪業生起猛力悔心後，至善知識面前發露懺悔；二、現行對治力：廣修善行，以各種善行之力來對治惡業，因為善業本身就有消滅惡業的力量；三、返回對治力：誓不做惡，因怖畏來生的異熟果而誓斷惡業；四、所依對治力：依善業力，指皈依三寶和發菩提心之力，能淨除一切罪障。

王如意寶晉美彭措所取的伏藏品《金剛薩埵修法如意寶珠》中也說：「無始以來至今生，身口意造諸罪墮，猶如已服惡毒藥，深生追悔發露懺。」對於由身口意造作能想起或無法想起的所有罪障，如同喝了毒藥且毒性發作般十分痛苦，於是後悔自己為何要喝下毒藥，類似這般，對自己所做的惡業深感後悔即是厭患對治力。

3. 返回對治力：返回對治力是發誓從今以後即使遇到生命危險，也絕不再做惡業，如《極樂願文》云：「後無戒心罪不淨，發誓此後遇命難，亦不造作不善業。」最好的發誓是即使捨棄自己寶貴的生命也不造任何罪業，如果當下具有這樣強烈的信心，之前所做的罪障就能完全清淨；中等的發誓就是除了自己的生命以外，即使需要捨棄自己所有的財產、名譽等，也絕不再做惡業，如此也能消除部分業障；下等的發誓，也是最起碼的，在自己能力範圍內盡量不做惡業。總之，罪業能不能清淨要看自己的戒心（發誓），這是關鍵所在。

4. 現行對治力：就是前面說的三力之外一切對治業障的方法。如同前述身口意懺罪的方法，包括供養、祈請、頂禮、繞塔、發願、誦咒、隨喜、迴向等，都可以作為對治力。一般的對治力是念誦百字明咒、大悲咒等懺悔業障，但無論用哪一種方法，有戒心是最重要的，不然就如天熱時大象跑進水裡浸泡，涼爽之後出來，一會兒熱了又跑回水裡，反覆不斷。同樣地，今天懺悔業障，罪業清淨了，但明天又去造業；明天懺悔了，後天又造業，這樣永遠沒辦法淨罪，如《入行論》云：「故雜罪墮力，菩提心力者，升沉輪迴故，登地久蹉跎。」

四種對治力當中的所依對治力與現行對治力當然重要，但更重要的是返回對治力與厭患對治力，就是發露懺悔並且發願從今以後絕不再犯。能不能清淨罪業要看自己的決心堅不堅定，若決心堅定，從現在起絕不再犯，到死都是如此，那業障就能完全清淨無餘。

密宗有很多殊勝的方法消除罪業，如觀想自己所有殺、盜、淫、妄等罪業，顯現為一小黑團在舌上，接著觀想諸佛菩薩的光照射在舌上，彷彿冰被太陽照射就融化般，此一黑團也是如此，剎那間就煙消雲散了，然後念誦百字明咒或是其他懺悔文，如念誦本偈「我昔所造諸惡業，皆由無始貪瞋癡，從身語意之所生，一切我今皆懺悔。」也是非常殊勝的。此外，聽聞佛法也是消除罪障的方法之一，如經云：「以聞可入法，聞法能除罪，三門得清淨，故聞為最勝。」

四、隨喜

十方一切諸眾生，二乘有學及無學，
一切如來與菩薩，所有功德皆隨喜。

〔概要〕對於十方一切尚未得到聖法的凡夫眾生，以及聲聞、緣覺二乘當中預流果等聖有學的前七果、聖無學的阿羅漢果，還有一切如來、菩薩所造的一切福善，我皆誠心誠意、歡欣喜悅地隨喜。

「十方一切諸眾生」，十方即四方、四隅與上、下二方；諸眾生是指一般的凡夫眾生，這些十方的眾生有什麼可隨喜的呢？其實可隨喜的地方很多，例如僅僅念一句「阿彌陀佛」即值得隨喜；有些人做資源回收，將收入捐給慈善團體，也是值得隨喜。隨喜等於自己親自做了相同的善業，所以功德相當大，恰美仁波切說：「聽聞他人行善時，若捨嫉妒不喜心，誠心歡悅作隨喜，佛說同獲彼福德，故於聖者及凡夫，所作諸善皆隨喜。」前面講懺悔時提到「見作隨喜」，是說如果隨喜惡業，等於自己也做了相同的罪業；同樣地，隨喜眾生所造的善業，功德也和自己親自做一樣，所以我們要隨喜十方一切眾生的所有善根、功德。

「二乘有學及無學」，二乘就是小乘的聲聞乘與緣覺乘，而聲聞乘又分爲有學與無學。小乘依次修道可證八種果位：預流果、一還果、不還果、阿羅漢果等四果，每一果又再分向、果，故有八種；前面七種都屬於有學，最後的阿羅漢果才是無學。爲什麼這裡要隨喜小乘呢？我們不是要學習大乘嗎？當然要隨喜！小乘也有行善、打坐、修行等，這些我們都要隨喜，隨喜不是要學習他們，而是對他們的善業、功德產生歡喜心，不只是這些小乘證果位者，連十方所有的凡夫眾生，即使沒有學佛、沒有宗教信仰，只是一般行善的人，也都是值得隨喜的對象。

「一切如來與菩薩，所有功德皆隨喜。」除了隨喜上述一般眾生的功德與小乘的功德，更要隨喜佛與菩薩的功德，無論是有漏、無漏的善根，全部都要隨喜，不是嘴巴念念隨喜而已，要發自內心、誠心誠意地生起歡喜心來隨喜。隨喜支能對治嫉妒，嫉妒與我慢是非常不容易察覺的，每個人都有嫉妒心，不可能沒有，只是自己不瞭解、沒有發現。用隨喜來對治嫉妒，嫉妒心自然而然就會漸漸消失。

西藏的多竹千仁波切曾說：「在金剛道友之間，千萬不可有嫉妒心，如果有嫉妒心的話，自己修行等各方面無法進步，聞思修的功德也沒辦法生起。」金剛道友彼此之間難免會產生較量的心態，但若能將這樣的心態轉換成見賢思齊的想法，不僅能化解嫉妒的痛苦，更能力爭上游使自己不斷地進步。記得我在佛學院讀書時，有一位同學時時刻刻以堪欽慈誠羅珠仁波切爲榜樣，堪布何時熄燈休息，他也才熄燈休息；堪布何時早起做功課，他也何時早起做功課，這樣努力地聞思修後，最後他成爲一位善說教法的堪布。隨喜不只可對治嫉妒心，將來得到不忘總持的因也是隨喜。

《大圓滿前行》裡有一則關於隨喜的眞實故事，在釋迦牟尼佛時代，有一位印度國王名叫勝光王，這位國王的勢力強大並篤信佛教，建立很多寺廟。有一次國王邀請釋迦牟尼佛前來弘法，佛陀與四眾弟子住在寺院裡，一切食宿全由他供養，不僅供齋四個月，還布施食物給窮人和乞丐。其中有一位貧婦心想：「勝光王過去世一定造了很大的福德，今世才會做國王，又邀請佛陀爲大眾說法，造了如此殊勝的功德，來世所獲的福德一定更大。」因此，婦人內心不禁由衷地讚嘆、隨喜勝光王所做的廣大善業。佛陀因爲有神通便知道此貧婦的心念，等到講法結束要迴向時，佛陀問國王：「這善業是迴向給你？還是迴向善業比你更大的人？」國王心想：「怎麼可能有人做的善業會超過我？我邀請佛陀講法，供養整個比丘等四眾弟子四個月，還布施給窮人，不可能有善業超過我的人。」因此他跟佛陀說：「如果有這樣的人，就迴向給他吧！」結果佛陀將功德迴向給那位貧婦。

《功德藏》云：「只隨善惡意差別，不隨善惡相大小。」善惡業不以外相的大小來區分，而是以意樂爲主，貧婦雖然窮困潦倒，連一餐飯都難以飽足，但是她的善業竟然超過勝光王，可見隨喜的心非常重要。《彙集經》云：「三千須彌秤可量，隨喜善根不可量。」三千大千世界的須彌山是可以用秤來衡量的，但是隨喜功德的善根卻無法測量。寂天菩薩在《入菩薩行論》也特別講述隨喜：「隨喜積善行，彼爲菩提因；隨喜眾有情，實脫輪迴苦；隨喜佛菩提，佛子地諸果。」堪欽慈誠羅珠仁波切在講經時也常說學佛的人只要學對了方法，比工作賺錢還要容易。因爲如果我們前世沒有累積福報，就算拚命工作也掙不到什麼錢，或有工作不順等其他困難。但修行就不一樣，只要方法用對了，做一點點的善業就可以累積很多的福報，如同那位貧婦一樣，所以用對方法眞的非常重要，一定要好好地聞思修。

五、請法（請轉法輪）

十方所有世間燈，最初成就菩提者，
我今一切皆勸請，轉於無上妙法輪。

〔概要〕為了十方一切被無明蒙蔽而徘徊的眾有情，自己化現在每一位剛成就菩提、成為指引光明道路的世間明燈——佛，以及菩薩、善知識等面前，請求傳授廣大、甚深的無上妙法輪。

「十方所有世間燈」中的「世間燈」就是指佛，可說是佛的別名，因為佛陀對徘徊在無明黑暗的一切眾生，指出一條光明的道路，故稱世間明燈（眾生明燈）。如果無明長夜中沒有燈、沒有光明，周遭一片漆黑，什麼都看不到，但是佛陀的降臨使整個世間充滿光明。「世間燈」亦是譬喻，佛陀等善知識顯示了光明的智慧，讓眾生知道如何取捨該做的善業和不該做的惡業，因此「十方所有世間燈」即是十方所有一切佛。「最初成就菩提者」就是剛剛才圓滿成就的佛。自己在初成佛者及菩薩、善知識等面前化身無數，為了利益眾生而請求他們傳法。「我今一切皆勸請」，就是如同梵天王、帝釋天王在佛陀成佛時分別供養千輻金輪與右旋海螺，祈請佛陀初轉法輪⑪一樣，我今也幻化無數，一一在諸佛菩薩等面前勸請傳法。「轉於無上妙法輪」就是請佛、菩薩、善知識宣說無上妙法。

總之，我們念誦此偈頌時觀想上述的內容，是為請轉法輪。寂天菩薩也說：「我於十方佛，合掌誠祈請，為苦惑迷眾，燃亮正法燈。」還有在《極樂願文》中也說：「十方浩瀚世界中，圓滿正覺後不久，我於彼等前祈請，迅速廣轉妙法輪。」這些雖然在文字上有些差別，但意思完全一樣。如果能如上述那樣隨文解義，一邊念誦、一邊誠心地祈請是最好不過。還有，我們平常如有因緣，親自向具格的善知識請法，功德也不可思議，如《極樂願文大疏》中說：「如果身語能真實做到，那麼向具教、證功德住世的上師們請求四句以上的法義，也可使眾多有情獲得善妙法雨，並且可淨除自己的捨法業障，生生世世不離三寶光明，何時也不會轉生於暗劫。」

總之，請轉法輪的功德很大，堪布根巴仁波切在《入行論釋》中云：「若能祈請高僧大德轉法輪，自己生生世世不會墮入邪見的黑暗之中，並且生生世世得遇正法光明。」索達吉堪布也說：「我們每天若能如法念誦〈普賢行願品〉中的祈請轉法輪偈，可以淨除自己謗法、邪見的惡業，增上自己聽聞正法的因緣。」

六、請佛住世

諸佛若欲示涅槃，我悉至誠而勸請，
唯願久住剎塵劫，利樂一切諸眾生。

⓫法輪是一種比喻，如同車輪轉往目的地，說法者瞭解佛法後，像輪子一樣轉進聽法者心裡。

〔概要〕以勝義諦來說，佛雖然無有涅槃，但在所化眾生的面前示現欲入涅槃，我爲了利益一切眾生，誠心勸請諸佛於塵數諸劫中永住所有刹土、廣大饒益眾生。

「諸佛若欲示涅槃，我悉至誠而勸請。」於此世界或其他諸佛刹土中，諸佛菩薩與善知識等因爲度化眾生的因緣暫時圓滿，或爲了調伏執著常有的眾生而示現欲入涅槃，自己幻化爲無數的身體，在佛菩薩及諸善知識座前懇切地請求他們不要進入涅槃、爲利益眾生長久住世，如同往昔珍達優婆塞祈請世尊住世，因此佛陀又住世三個月爲眾生說法。「唯願久住刹塵劫，利樂一切諸眾生。」以一微塵爲一劫，祈請諸佛於三千大千世界一切刹土的微塵數劫中安住，使一切眾生得到暫時的利益與究竟的安樂。此外，寂天菩薩說：「知佛欲涅槃，合掌速祈請，住世無量劫，莫遺世間迷。」也是請佛住世的偈頌，也同樣殊勝。

祈請諸佛菩薩與善知識住世的功德不可思議，不僅能增添健康、長壽等福德，也是成就遠離生死輪迴的佛身之因。總之，如《四百論》云：「具戒久存活，能作大福德。」諸佛菩薩、善知識只要多住世一天，就能利益無量的眾生，因此我們要恆時祈請諸佛菩薩等住世無量劫。

七、迴向

所有禮讚供養福，請佛住世轉法輪，
隨喜懺悔諸善根，迴向眾生及佛道。

〔概要〕將禮讚、供養、懺悔、隨喜、請轉法輪、請佛住世等，還有自他所累積，乃至微小的一切善業，迴向所有眾生皆能證得究竟的佛果位。

「所有禮讚……」就是前面所說的頂禮、讚揚佛陀、供養、請佛住世、請轉法輪、隨喜、懺悔等這些善根。「諸善根」即不僅是迴向這些善根，而是如《金剛薩埵修法如意寶珠》的迴向：「此善為主三世善，迴向為利無邊眾，願諸一切能速得，金剛薩埵之果位。」以上述七支供的善根為主，還有其他的一切善根：過去曾做的、當下正在做的、將來要做的三世所有善根，甚至連微小的善業，全部為了一切眾生能獲得佛的果位而迴向。迴向是非常殊勝的，至尊密勒日巴曾說：「山間靜修大行者，及作供養之施主，彼二具有成佛緣，因緣之要即迴向。」以及《慧海請問經》云：「水滴落入大海中，海未乾涸其不盡，迴向菩提善亦然，未獲菩提其不盡。」如同一滴水落入大海中，海水沒有枯竭之前，那滴水永遠不會窮盡；同樣地，已經迴向的善根在沒有成佛之前亦不會窮盡。

講法中時常提及三種殊勝：前行發心殊勝、正行無緣殊勝、結行迴向殊勝，能圓滿這三種殊勝是最好的，但是西藏著名的布頓上師也曾講過，做任何善業之前若能先發菩提心，即使中途忘記發心也沒關係，已經算是大乘法了；要是前面忘記發菩提心，完成之後若能想起而好好迴向，如此這些善根也變成大乘法，為成佛之因。當然，最好在前行發心殊勝時就能如是發心，正行無緣殊勝時也能如實做到，以及圓滿完成結行迴向殊勝等是最好的，只要是由這三殊勝所攝持的善業，永遠都不會窮盡。

任何善法若要成為圓滿菩提之因就需要迴向，迴向也是使善法圓滿增長的竅訣，所以要時常迴向，這非常重要。拉喇群珠尊者說過：「哪怕是小小的善根，若作迴向則一切眾生也都可獲得，這是因為佛陀的加持力、法性的諦實力與自己的殊勝善心力所致。」

聞法的意義就是心裡要牢記法的內容並盡力實踐，所以我們日後去道場聽法或助念，所做的任何善業最後都要迴向。最簡略的迴向文即《三十五佛懺悔文》中的：「如過去未來，現在諸佛，所作迴向，我亦如是迴向。」既簡單又殊勝，如《極樂願文大疏》也說：「儘管迴向的方法有許多，但觀想諸佛佛子如何迴向，我也如是迴向，是迴向最佳的方法。」然而，若時間允許，還是以念誦〈普賢行願品〉全文來迴向是最好、最完整的，若時間不夠，至少要念其中的：「所有禮讚供養福，請佛住世轉法輪，隨喜懺悔諸善根，迴向眾生及佛道。」或是：「文殊師利勇猛智，普賢慧行亦復然，我今迴向諸善根，隨彼一切常修學。三世諸佛所稱歎，如是最勝諸大願，我今迴向諸善根，為得普賢殊勝行。」

2

廣說正行行願

廣說正行行願分二：正行願與總結願。

第一節　正行願

正行願分十六個願：一、意樂清淨願；二、不忘覺心願；三、不染妙行願；四、利樂眾生願；五、披甲精進願；六、不離道友願；七、依善知識願；八、現前供佛願；九、護持正法願；十、獲功德藏願；十一、趣入行境願；十二、十力願；十三、對治願；十四、事業願；十五、隨學願；十六、依總結顯示迴向願。

一、意樂清淨願

佛經裡講過，若要成就任何善願，必須先累積資糧、淨除業障，這是最根本的；此外，還有一個方法就是受持清淨戒，如此所發的願皆可成就。前面已講過成就願的因，現在講述正行發願的第一個願：意樂清淨願。「意樂」不是指快樂，而是心的意思，通常被翻譯爲「意樂」或「意」。意樂清淨願又分四：供養願、圓滿密意願、淨化佛刹願、利益眾生願。

1. 供養願

我隨一切如來學，修習普賢圓滿行，
供養過去諸如來，及與現在十方佛。

〔概要〕我願生生世世具足願菩提心與行菩提心，並跟隨十方三世一切如來修習、圓滿普賢六度萬行。並將頂禮等七支供的善根，以及自己的身體、受用、三世所累積的一切善根，供養過去一切如來與現在十方諸佛。

按照藏文〈普賢行願品〉的版本：「我隨一切如來學，修習普賢圓滿行。」二句是放在「無垢無破無穿漏」的前面，但也不必按照藏文的順序調動，也許此部經在印度有不同的梵文版本，何況過去的譯師都具有相當高的智慧，幾乎都是佛菩薩的化身，所以不需調動，瞭解內容就好。

「供養過去諸如來，及與現在十方佛。」即是供養願，供養什麼呢？就是以前面講的頂禮、供養、隨喜、懺悔、請法等七支供爲主，再加上自己的一切善業。最殊勝的供養就是以修行作爲供養，如每天念誦一遍〈普賢行願品〉，再也沒有比聞思修更加殊勝的供養了；此外，自己的身體、受用、三世所累積的善根也一併供養。供養的對境是什麼？是過去以及現在十方諸佛，也就是我供養過去、現在諸佛，並且將來也能夠供養未來諸佛。所有供品恆時獻予過去佛與爲了一切眾生而安住的現在佛，在他們面前變幻出無量無數的普賢雲供，令諸佛菩薩歡喜，使自己與所有眾生的福慧資糧皆能圓滿。

2. 圓滿密意願

未來一切天人師，一切意樂皆圓滿，
我願普隨三世學，速得成就大菩提。

〔概要〕爲了度化無邊無際的眾生，未來一切的人天導師，任運具足成佛的種種因緣後，圓滿意樂而逐漸成佛。我也願能隨著三世一切佛學習，速疾獲得殊勝、廣大的菩提。

「圓滿」是滿願的意思，「密意」是指佛的意趣、想法、意願。圓滿什麼呢？就是希望這些未來佛的密意能夠迅速圓滿。「未來一切天人師」就是未來一切諸佛，包括過去已在密嚴剎土成佛，但尚未在人間示現成佛的諸佛，以及安住第十地最後有的菩薩。爲何佛是天人師呢？如經云：「善男子，諸佛雖爲一切眾生無上大師，然經中說爲天人師，何以故？善男子，諸眾生中，唯天與人能發阿耨多羅三藐三菩提心，能修十善業道，能得須陀洹果、斯陀含果、阿那含果、阿羅漢果、辟支佛果、阿耨多羅三藐三菩提果等，故號佛為天人師。」這裡的未來佛也可解釋為一切眾生，因為眾生都是未來佛，尤其是已經進入小乘、大乘、金剛乘的眾生。

「一切意樂皆圓滿」即希望過去已成佛但尚未示現成佛的諸佛，能因緣成熟，化身於娑婆世界度化眾生，而安住在第十地最後有的菩薩，也能很快地圓滿福慧資糧而成佛，還有已經進入乃至將來才有機緣進入三乘道、福慧資糧尚未圓滿的眾生，因我供養諸佛菩薩的功德利益及願力，不用很費力就能迅速圓滿福慧資糧，於菩提金剛座成佛，度化無邊無際的眾生。「我願普隨三世學，速得成就大菩提。」我也發願跟隨過去、現在、未來一切諸佛學習，願能盡速證得無上正等正覺大菩提。

3. 淨化佛剎願

所有十方一切剎，廣大清淨妙莊嚴，

眾會圍繞諸如來，悉在菩提樹王下。

〔概要〕願十方一切不淨的世間剎土，轉變為遠離一切過患且美妙莊嚴的清淨剎土。淨土中央的菩提樹下坐有莊嚴、崇高如須彌山的如來，菩薩等眾眷屬皆在一旁恭敬圍繞，諦聽如來宣說正法甘露。

淨化不是把本來不清淨的變為清淨，而是透過修練、逐漸覺悟一切剎土的本質皆是清淨的。如何練習呢？要知道眾生的本質與佛一樣是清淨的，世間一切也同樣是本來清淨的，但需要依靠觀修來發現其清淨的本質。

金剛乘中提到的淨觀是在聽法或修法時，把自己所處的環境觀想為極樂世界等清淨的剎土，其實本來就是清淨，但因為眾生的業力而無法顯現，於是透過淨觀等修行方法而逐漸發覺。此處主要講的是發願，因為我們這世間幾乎天天都有水災、火災等各種天災和人為的禍亂，還有很多快樂與不快樂、好與不好的分別等，故發願「所有十方一切剎，廣大清淨妙莊嚴」，即在十方一切不淨的外器世間❶中，將自己的身體、一切受用與善根等，全部爲了眾生而發願迴向，願以此功德力，將此不淨的外器世間轉化爲廣大、美妙、莊嚴的清淨剎土，如同《彌陀經》所述的極樂世界，發願所有不淨的世界都能如此轉化，這就是淨化外器世間。

「眾會圍繞諸如來，悉在菩提樹王下。」是淨化內情世間，「眾會」是指菩薩等眾眷屬，他們圍繞著一切諸佛，地點在哪裡呢？就在菩提樹王下，也就是賢劫千佛成佛所在地的金剛座❷。可以想像這美妙的畫面：所有外器世間變成廣大、莊嚴的極樂世界，六道眾生都變成菩薩眷屬圍繞著如來，並在菩提樹王下聽聞佛法。此處的藏文版強調菩提樹王下除了如來之外，沒有一處空間不被菩薩聖眾遍布、充滿著，並在佛前專注聆聽無上的妙法。

4. 利益眾生願

十方所有諸眾生，願離憂患常安樂，
獲得甚深正法利，滅除煩惱盡無餘。

〔概要〕如前一般，爲了十方的六道眾生而布施自己的身體、受用與一切善根等，並以此功德力，發願一切眾生能夠遠離身心的疾病，遠離輪迴痛苦的因——業與煩惱，因此得到圓滿、永恆的安樂；並願一切眾生獲得甚深正法的順緣，然後滅除一切煩惱——連絲毫的煩惱也沒有殘餘而成佛。

---

❶外器世間指外面的世界；內情世間指眾生。
❷即印度的菩提伽耶。

「十方所有諸眾生，願離憂患常安樂。」發願十方所有眾生離開憂愁、過患並恆常安樂。佛經說五濁眾生有很多煩惱，煩惱愈多就愈不快樂，然後就產生很多疾病，尤其現在這個世界，像憂鬱症、躁鬱症以及其他很多沒聽過的病名，一天比一天多，所以要好好發願，讓所有眾生都能離開這些憂悲苦惱及過患。「憂」就是憂傷、難過、沮喪等；「患」是指一切疾病的過患，也是指業與煩惱等。希望眾生能夠離開種種憂患而常得安樂，如果前往醫院探視病人，就要好好發此願，因為有些人很想活下去，卻偏偏得到嚴重的疾病，令人心酸。

根據之前的一則新聞報導，有一個美國人多年來一直不斷地買樂透，好不容易中了好幾億的大獎，卻也同時得到了癌症，他說如果能夠再活幾十年，這些錢他寧可不要，因為再也沒有比活著更寶貴的事了。「安樂」有兩種，一是妙欲的安樂，即一般世間人以色、聲、香、味、觸等五妙欲為安樂；第二種是禪定的安樂，出離世間或是學習佛法者以禪定為安樂。禪定的安樂當然是最好的，因為打坐能讓心安樂，心安樂身體自然也會安樂，最終獲得成佛——永恆的安樂。

「獲得甚深正法利」，依靠殊勝的正法而獲得解脫的利益。末法時代出現許多邪說、邪師，故正法是極難獲得的。尤其現代社會崇尚自由，可以任意創建教派，有些團體抄襲一些佛經的內容然後說自己是創始者，表面上好像可以利益眾生，但到底是利益眾生還是欺騙眾生？也是非常難以抉擇的。然而，一個珍貴的人身寶若遇到不如法的師長而誤入歧途，這一生的修行就白費了，而且生生世世都不容易解脫。雖然大乘主張沒有一位眾生不能成佛，所有眾生最終都會成佛，但如果走錯路則要經歷相當長的時間才能成佛，所以選擇正確的道路非常重要。

那麼如何選擇正確的道路？應依靠法脈清淨的善知識，於其座前盡量地聞思修。有的人只看了幾部經典，就以爲自己具有大能力、大智慧，而對外宣稱自己是導師、大師等，看起來好像在利益眾生，實際上是爲了求取名聲與私利而已。如《薩迦格言》說：「狡者僞裝扮賢善，上鉤之後遭行騙，無恥之人賣驢肉，先以獸尾示於人。」一般來說，沒有人會買驢肉來吃，但是如果旁邊放了一隻野獸的尾巴，就會讓人誤以爲是獸肉而買來吃；同樣地，外表似乎在做利益眾人的事，但是否眞是如此很難斷定。

當今末法時期，有些人假借佛陀的名義，自稱可與佛陀直接溝通，有些人雖然念佛多年，但是沒有打好聞思修的基礎，就貿然跟隨這樣的人，連佛號都不想念了，我覺得非常遺憾。念佛那麼久了還會如此，想想說不定有一天我們也遇到某些自稱有奇特能力的人，立刻就相信而導致走錯路，眞的非常危險。所以，聞思修太重要了！要腳踏實地、一步一步地去做。

我講課多年，如果聽過課的人都留下，數目一定很可觀。有些人沒辦法繼續聽課也許是因爲事務繁忙，也許是因緣不具足，也許是遇到能和阿彌陀佛直接溝通的人，可見能夠聽聞佛法眞的不容易。目前有些團體喜歡在名稱上加「正」或「眞」字等，企圖混淆視聽，其實只要稍懂一點佛法的人，看過他們出版的書後都知道，其內容根本不是正法。所以我們要努力地聞思修，並且如〈普賢行願品〉一樣發清淨的願，希望生生世世都能值遇善知識、正法而趨入正道。

「獲得甚深正法利」的「利」也可以解釋為利益一切眾生，遇到甚深正法後要暫時地、究竟地去利益眾生。暫時的利益就是使眾生在修行道路上能夠遇到順緣、好好修行；最究竟的利益是「滅除煩惱盡無餘」，令眾生沒有絲毫煩惱，沒有煩惱餘留而獲得正等正覺——佛果位。

二、不忘覺心願

覺心就是菩提心，不忘菩提心的願分七：憶念宿命願、出家願、學諸行與淨戒願、依諸語說法願、勤修六度願、由前五因而不忘覺心願、遠離障礙願。

1. 憶念宿命願

我為菩提修行時，一切趣中成宿命，

〔概要〕我為了利益一切眾生而必須成佛，成佛的無誤之因乃是發菩提心與行菩薩道，在此期間，無論轉生何趣，都能憶念過去而繼續發菩提心及行菩薩道。

想要利益眾生就要成佛，要成佛必須依靠菩提心，若無菩提心就無法成佛，因爲最主要的成佛之因就是菩提心，所以不忘覺心願中的第一個憶念宿命願，就是能憶起自己在過去世中曾發過的菩提心並繼續行菩薩道。如唐朝的玄奘大師在前往天竺取經的路上，遇見一位進入甚深禪定的法師，並相約待玄奘返回中土時協助弘揚佛法。十幾年後玄奘學成歸國，備受唐太宗尊崇並主持翻譯佛經的工作。此時，先前禪定的高僧早已坐化，轉世爲將門之子，被玄奘一眼識出，要求他隨其出家，然而少年早已忘記自己的宿世因緣，而以若是出家，須攜一車的酒、一車的肉、一車的美女作爲條件刁難玄奘，未料玄奘竟然全數應允。當少年愁眉苦臉與車隊浩浩蕩蕩接近寺院的山門時，此時寺院清亮的鐘聲響起，少年突然憶起自己的宿世與承諾，於是請車隊返回，自己歡歡喜喜地隨同玄奘出家。此少年即是中國歷史上著名的窺基大師，亦爲法相宗二祖。

神通有五種：神境通、天眼通、天耳通、宿命通、他心通。爲什麼這裡只提宿命通？其實有很重要的意義，因爲其他四種神通需要具備正知、正見才能眞正利益眾生，而一般正見尚未穩固的人，若生起他心通等神通，往往會藉此吸引眾人，妄稱自己已達某種境界，而世人因喜歡攀緣這些外力而趨之若鶩，所以神通也可以害人誤入歧途。其實神通並沒有什麼了不起，連外道也可以修到飛天遁地、穿牆入室等，因此佛陀不特別強調以神通來度化眾生。在佛陀的傳記中以神通度眾的情況非常少見，佛陀完全是腳踏實地、眞眞切切地把自己了悟的法傳授給眾生，使眾生親自去悟道、成佛。佛說：「吾爲汝說解脫之方便，當知解脫依賴於自己。」所以這裡不講其他神通而只提及宿命通，是爲了延續自己前世的修行。

「一切趣中成宿命」的「趣」是「道」的意思，所以一切趣即一切道——六道❸。這

❸六道：天道、阿修羅道、人道、畜生道、餓鬼道、地獄道。

一世生在人道，下一世可能投生在天道或惡趣，總之，無論生在哪一道，「成宿命」就是都能憶起自己的過去世，若能如此是最好的。往昔自己若曾發過菩提心，即使不曉得來生將趨往何處，但是若能憶起自己曾發過菩提心，就可以直接繼續發心修行了。佛經裡有許多這樣的公案，如佛陀至某處度化某人，使這人憶起自己的宿世，然後開始懺悔、消業障等，又重新返回修行的正途，所以憶念宿命是很重要的。我爲了眾生而欲修行證得正等正覺菩提時，希望無論生在六道中的任何一道，皆能憶起自己的宿命，如此就不會忘失菩提心而繼續修行。

2. 出家願

常得出家修淨戒

〔概要〕願我生生世世都能想起在家的過患與出家的功德，以此獲得遠離世俗、由在家趨入非家、剃除鬚髮之出家身。

此願如同不動比丘所發的願：「吾行菩薩道時，乃至未成佛間皆以比丘身來修行。」在未登初地之前，一般人若想好好修行還是出家比較好，可以在寺廟專心修道；若是在家就需要照顧父母妻兒，還要養家餬口，種種過患多半會障礙菩提心生起，修行沒那麼方便。獲得初地菩薩的果位後，修行上已經沒有太大的障礙了，因此無論是出家或在家，差別並不大。寂天菩薩在《入菩薩行論》中亦如此發願：「我未登地前，願蒙文殊恩，常憶己宿命，出家恆爲僧。」即是此意。

恰美仁波切也在《極樂願文》中說：「乃至未獲菩提間，不轉女身轉貴族，生生世世具淨戒，頂禮善逝無量光。」凡是聽聞阿彌陀佛名號者，在未成佛之前，不僅不會投生爲女身，還會生在貴族，生生世世都具足清淨的律儀。這裡講「不轉女身轉貴族」是指女眾不珍貴嗎？並不是這樣，雖然按照顯教的內容，女眾的修行障礙比男眾多，女眾出家也會縮短教法住世的時間，這是指女眾本身就有一些障礙的緣故。但是依密法而言，男女不僅平等，更不能輕視或毀謗女眾，否則便會違犯密乘十四根本墮罪之一。如度母發願生生世世以女眾身來度眾，西藏的空行母德千汪姆也是非常有成就的修行者，還有德蕾莎修女等，她們都是菩薩的化身，一百位男眾也不及一位如此傑出的女性。總之，出家修菩提心的障礙比較少，所以希望能常得出家修清淨戒，如佛所說偈：「若有男子女人，一日一夜出家，二百萬劫不墮惡道。」

出家的意思可以從二種角度來理解：第一種如前所述，在家修行與出家修行有程度難易的差別，所以連佛陀都示現放棄王位而出家。從前在佛陀的時代，有一個小國的國王不相信佛法，並且不斷造殺生等種種惡業，但是他的太子卻完全相信佛法並請求出家，國王因為他是獨子所以並未答應，太子為此非常傷心。某天他在郊外散步時遇到一名乞丐，他告訴乞丐雖然他很富有，但是沒有自由而不能出家，可是乞丐是自由的，為何不出家？乞丐說他也很想出家，但沒有缽等資具該如何出家？於是太子提供乞丐出家所需的資具，並請求乞丐日後若修得任何功德，記得回來與他分享。乞丐答應之後，就跟隨一位阿羅漢出家，因爲非常用功而證得緣覺佛果，可以像鳥一樣在天空自由飛翔，於是他履行承諾飛到太子面前，太子又高興又感嘆地說：「太富有的人沒辦法出家，太貧窮的人也沒辦法出家。」因此，他以供養此乞丐的善業發願：「不生於富家，不轉貧窮家，爲生中等家，恆常得出家。」他正是釋迦牟尼佛弟子中智慧第一的舍利子，可見修行的條件還是出家比在家好。《大智度論》亦云：「孔雀雖有色嚴身，不如鴻鶴能遠飛。在家雖有五欲樂，不如出家功德深。」

另一個故事發生在舍衛城，有一個婆羅門名叫德羅，婚後生了七個女兒，他的妻子非常霸道，像母老虎一樣常常欺負、虐待他。七個女兒出嫁後，又偕同女婿回到娘家，跟著一起辱罵父親。有一天德羅要耕田，因爲很窮沒有牛，就向鄰居借了一頭牛，到了中午他放牛吃草，自己也去休息，結果一覺醒來，牛竟然不見了！他心想：「糟糕！我造了什麼業啊！如果回家，一定被妻子狠狠咒罵，女兒與女婿們也不會原諒我的。」他不敢回家，拄著枴杖去找牛，途中他看見一位僧人在樹下打坐，模樣十分安詳。他心想出家人沒有妻女、沒田需要犁、不用害怕丟掉牛，多麼快樂啊！那位僧人正是釋迦牟尼佛，佛陀有神通就開口對他說：「我沒有妻女，不怕丟掉牛，我沒有任何煩惱。你想出家嗎？」婆羅門聽了非常高興地說：「家對我來說像地獄一樣，根本就不想回家，如果您願意收我爲徒，我一定會很用功。」佛陀知道他的根機已經成熟，就剃度他出家，最後得到阿羅漢果。

第二種解釋出家的意思不是指外相，剃除鬚髮而出家，依據大乘顯、密教法的涵義，即使是在家的身分，只要心不自私、不執著、具有清淨觀，就可算是出家人了。否則雖然穿著莊嚴的僧衣，但內心充滿自私與執著，也不會有很大的利益。有些人說不想出家，要以在家的身分學習，也是有可能成就的，因爲眾生的根器不一，其中也有不可思議的人，所以這兩種解釋都要了解。

3. 學諸行與淨戒願

無垢無破無穿漏

〔概要〕願我生生世世受持願菩提心、行菩提心，並跟隨三世諸佛的足跡去修學，總的來說即是修六度萬行，尤其是修三律儀之行❹。由於此三律儀無煩惱垢染且不貪圖自己的寂樂故為無垢；恆時無破律儀故為無破；遠離三輪執著故為無穿漏之律儀。

本章一開始提到：「我隨一切如來學，修習普賢圓滿行。」按照藏文的內容是放在此處，然後才是「無垢無破無穿漏」，所以此科判「學諸行」就是「我隨一切如來學」，學習什麼呢？即「修習普賢圓滿行」。「諸行」就是普賢行，不只是普賢菩薩的行為，也包括一切佛菩薩的修行與行為。然後是「無垢無破無穿漏」，完全沒有煩惱垢染，也沒有小乘求取自解脫的心態，此即是無垢；無破就是沒有破任何的菩薩律儀，恆時守護清淨的戒律；穿漏就是對三相（三輪）的執著，比如說執著布施者、布施的對境與布施的東西，無穿漏即是對此三相沒有執著。因此，發此願時要想：願自己生生世世從菩提心開始學習，

---

❹即禁惡行戒、攝善法戒、饒益有情戒。

諸佛菩薩如何修行，我亦如是修習。「普賢行」即菩薩的心與行爲，不可勝數，但可歸納爲六度般若波羅蜜多或十度般若波羅蜜多，這些全部都修學圓滿，特別是持戒方面沒有垢染、沒有破戒、也沒有執著。

4. 依諸語說法願

> 天龍夜叉鳩槃荼，乃至人與非人等，
> 所有一切眾生語，悉以諸音而說法。

〔概要〕爲了令所化的眾生成熟，願我通曉天、龍、夜叉、鳩槃荼、人、非人等一切眾生的語言，並以各種語言對各類眾生宣說殊勝的妙法。

「天」就是天人，「龍」即龍族，「夜叉」是阿修羅也稱爲鬼，「鳩槃荼」是梵音Kumbhanda，也是鬼類的一種。「乃至人與非人等」即除了人與非人，還有其他的一切眾生，如鳥類、螞蟻、蚊子、蟑螂等。「所有一切眾生語」是所有眾生的語言；「悉以諸音而說法」，用各種聲音來說法，用天人的語言對天人說法，用龍族的語言對龍族說法，用人類的語言對人類說法，當然人類的語言又分很多種。總而言之，以各種語言來說法不是爲了自己的利益，完全是爲了眾生的利益。

目前〈普賢行願品〉有藏、中、英三種譯本，相信將來還會出現其他語言的譯本，因此能以各種語言來講解〈普賢行願品〉是非常殊勝的，即使不會講解，勸人念誦也相當好，因爲這部經有太多重要的發願，無論是勸人念誦，或是爲人解釋幾句，功德都不可思議。西藏有一位年約四十多歲的居士，我請她背誦〈普賢行願品〉，一個月過去了，連一句偈頌也背不起來，不是因爲懶惰，而是她從來沒有讀過書，根本不識字，加上歲數也不小了，所以很難記住，只好退而求其次，請她念誦六字大明咒一億遍。反觀臺灣這裡眞是有福報，幾乎沒有一個人不會念〈普賢行願品〉，所以若不好好念誦實在對不起三寶，更對不起自己。持誦〈普賢行願品〉很重要，求長壽可念〈普賢行願品〉，求財富可念〈普賢行願品〉，希望心想事成也可以念〈普賢行願品〉，想成佛更要念〈普賢行願品〉。

世人因爲愚癡，往往還沒利益眾生，反而先傷害眾生，社會上就時常發生駭人聽聞的事情，像多年前有一位女嬰活生生被生父在盛怒下丟入沸騰的鍋裡，很多人替女嬰打抱不平。這讓我想起一則故事：西藏有一位修行非常好的上師，他的一些弟子看到獵人在打獵，很不高興，於是修誅法詛咒獵人，上師問弟子們在做什麼？他們據實以告，上師聽了之後說：「我以爲你們已經瞭解佛法了，原來你們根本還不懂！」爲何上師這樣說呢？因爲被殺的動物固然可憐，但是殺牠們的獵人更可憐，因爲殺了這麼多動物，將來果報成熟，他要承受的痛苦比被殺的動物多更多，所以不應該只對被殺的動物生起悲心，也要以悲心看待獵人。

同樣的道理，女嬰父母的處境其實更應當悲憫。有些人爲了追求美味，而把活蹦亂跳的魚或蝦丟到滾燙的鍋裡，毫不思索其實牠們也會感到痛苦、也不想失去自己的生命。雖然我們沒有佛陀那樣的神通，但是按照信許比量來推測，這些人將來要承受不可思議的果報。善財童子依止普賢菩薩等諸多的善知識，有些是出家人，有些是在家人，也有貪瞋很重的人，我們要有善財童子的學習精神，知道果報的恐怖之後決定不煮活物，若能完全斷除食肉的話當然更好，否則至少烹煮的是已死亡動物的肉。新加坡《聯合早報》二〇一八年的一則報導說：瑞士政府同年三月起全面禁止餐廳蒸煮活龍蝦。這項新規定考量到龍蝦等有殼動物如果被活生生地蒸煮煎炸，會感受到巨大的疼痛。因此，規定包括龍蝦在內的生猛有殼海鮮「務必在蒸煮前進行『麻醉』處理」。這些都是很好的人道考量，如果可以的話，盡量減少牠們死亡時承受的痛苦。

還有一位以殺豬為業的男子與妻子吵架後，妻子一氣之下砍斷他的手腳，慘狀宛如生前被他切割過的豬隻，這就是因果報應，不可思議。慈誠羅珠堪布寫了一本書，後面的迴向文是這樣寫的：「願我撰著此書的功德利益，生生世世都能護持正法，即使自己轉世為動物，也要成為慈悲的動物。」所以發願很重要。如果你是素食者，要發願自己生生世世永遠都能吃素，不要變成吃肉的眾生。我曾在 Discovery 頻道看到鱷魚從水裡撲出，咬死在河邊飲水的馬、鹿等，不斷地殺生，這是很恐怖的惡業。所以即使自己變成動物，也希望能變成慈悲的動物，像有些很可愛的動物如貓熊團團和圓圓，牠們也吃素、靠竹子維生，而且模樣可愛、讓人歡喜。

總之，如果有語言隔閡，想利益他人是難上加難，故此處發願通曉一切眾生的語言，對各類眾生宣說正法，饒益有情。

5. 勤修六度願

勤修清淨波羅蜜

〔概要〕願我成爲具有秉性溫和的菩薩種姓的人，並精勤修學波羅蜜，若未了知六度萬行則能了知，若已了知則不致減損且不斷增長。

勤修六度願的主要源頭就是不忘覺心，即不忘菩提心。「波羅蜜」是梵文，意即「到達彼岸」，輪迴是此岸，究竟解脫就是彼岸。將布施、持戒等稱爲六度波羅蜜❺，即布施要到達解脫的彼岸，其餘持戒、精進等也要到達彼岸，所以一般的布施能成爲布施波羅蜜嗎？不一定，如本頌說「清淨波羅蜜」，即布施不僅僅是布施，要如《大般若經》所說的「三輪體空」的布施，就是明瞭布施者、布施的善業（財物等）、布施的對境都是空性，能做到如此才是到達彼岸，才可稱爲布施波羅蜜。此處「勤修清淨波羅蜜」，按照藏文前面還有「秉性溫和」一詞，就是個性溫和。有些人脾氣暴躁或容易激動，或時常與人針鋒相對，連話都不讓對方說完就暴跳如雷，與之相反，經典中描述大乘菩薩種姓的諸多功德，其中最重要的就是秉性溫和，具足慈悲心的人才有此功德，因此依據藏文，此段的內容是「願我秉性溫和、勤修清淨波羅蜜」。波羅蜜本身有很多種，一切大乘行者的發心與行爲都是波羅蜜，但可歸納爲六度或十度❻，每一度又分三種，略說如下：

❺六度波羅蜜：布施度、持戒度、忍辱度、精進度、禪定度、智慧度。

❻十度即六度加上方便、力、願、智。因為菩薩有十地，所對治的障蔽有慳貪、毀禁、瞋恚、懈怠、散亂、愚癡、耽滯、退屈、怯劣、昧事十種，所以有十波羅蜜。

5-1 布施分三：財施、法施、無畏施。

財施：有普通布施、大布施、極大布施三種。「普通布施」如布施一些錢財或物資給乞丐與其他需要的人，從一塊錢到成千上萬都屬於此範疇；「大布施」以過去印度而言，布施大象、妻子、丈夫、孩子等即是大布施；「極大布施」就是布施自己的身體、眼睛等，如釋迦牟尼佛在過去世修道時，曾將眼睛挖出送人，並且在轉世為大願王子時，將自己的身體布施給餓得奄奄一息的母老虎；此外龍樹菩薩也曾將自己的頭顱布施給樂行王子，這些都是極大的布施，是菩薩偉大的行為。現在也有人登記死後器官捐贈，但根據月稱菩薩撰著的《入中論》以及其他經典記載，在未證空性之前不允許布施自己的身體，因為有些凡夫眾生聽聞佛陀或高僧大德的崇高行誼後，立刻產生很大的勇氣而簽名同意器捐、布施自己的身體，待到真正感受痛苦而後悔時，功德就無法圓滿，因為毀壞善業的四因之一是後悔，所以未證空性之前不允許做極大布施。誠如寂天菩薩所云：「悲願未清淨，不應施此身，今生或他生，利大乃可捨。」有些人雖未證悟空性，但勇氣可嘉，故也不該阻止這樣的人行善，因爲若以佛經所說未證空性不能布施身體而阻擋別人的善業，這樣的行爲就成爲四種黑法的其中之一。

法施：講經說法即爲法布施。巴楚仁波切說過眞正以法布施來利益眾生，其實是非常困難的，當自己完全了解法義而上法座講解時，若攙雜一絲求取名聞利養的私心則是不如法的。無等塔波仁波切說：「若不如法而行持，正法反成惡趣因。」佛法是讓眾生解脫的因，但若是未能如理如法地行持，亦可成爲自己墮入地獄的因。一位貌似法布施的講經說法者，內心若爲了名聞利養或其他貪瞋癡種種煩惱而說法，反而藉由講法累積不可思議的罪障。所以嚴格來講，眞正的法布施不容易做到。反之，也可以很簡單做到，只要保持完全利他的心，將自己瞭解的教法教授他人，這就是法布施。經典中有很多關於法布施的功德敘述：佛陀告訴阿難世界上有兩種人能造極大的善業——講經說法者與聽經聞法者；此外，將整個三千大千世界遍滿如意寶珠，千劫之中不斷地供養給所有阿羅漢，其功德也不及講解一句佛法的功德大。

最簡單易行的法布施，就是當看到狗或任何動物，可以爲牠們念誦緣起咒：「ཨོཾ་ཡེ་དྷརྨཱ་ཧེ་ཏུ་པྲ་བྷ་ཝཱ་ཧེ་ཏུནྟེ་ཥཱནྟ་ཐཱ་ག་ཏོ་ཧྱ་ཝ་དཏ། ཏེ་ཥཱཉྩ་ཡོ་ནི་རོ་དྷ་ཨེ་ཝཾ་ཝཱ་དཱི་མ་ཧཱ་ཤྲ་མ་ཎ་སྭཱ་ཧཱ།」（嗡 耶達爾瑪 黑德抓巴瓦 黑敦德 堪達塔嘎杜 哈雅巴達 德堪匝友尼若達 埃旺巴德 瑪哈夏爾瑪納所哈）以及此咒的意思：「諸法從緣起，如來說是因，彼法因緣盡，是大沙門說。」這偈頌包含戒、定、慧三學的全部內容。也可以持阿彌陀佛聖號、文殊菩薩心咒或觀音菩薩心咒等，並爲牠們作皈依。這樣的法布施功德不可思議，法王如意寶晉美彭措的傳記中就有一則關於黑羊的神奇故事：

法王不僅以正法醍醐饒益了無數的人類眾生，而且經常在身邊的小狗、豚鼠、鴿子、山兔耳畔宣說法要，使牠們獲得解脫。有一隻黑色的羔羊降生後形影不離跟在法王的身邊，牠對主人俯首貼耳，十分溫順，晚上一直臥在枕邊過夜。暑往寒來，牠長成一隻大山羊，始終忠心耿耿，任勞任怨，無論法王到哪裡，牠都心甘情願運載物資。法王對牠也是十分慈愛憐憫，經常爲牠傳一些顯密法要，就是密法中最爲深奧的《四心滴》《七寶藏》，也爲牠完整地念了傳承。已跟隨他十六年之久的老山羊到了朽暮之際，就安詳地去世了。牠離開人間後，法王多次念及，不知牠現在轉生到哪裡了。

一九八九年凌晨時分，法王起床靜坐，冥冥之中眼前突然出現五彩繽紛的光芒，光中一位頭挽髮髻、身著白衣、伶俐可愛的韶華童子輕捷地來到面前，恭敬禮拜，隨即口中誦道：「無畏講辯著之語自在，圓滿一切三學勝智慧，無邊利樂之源如意寶，無等具德師前吾頂禮。」念完三遍之後說：「您認識我嗎？我就是您以前的那隻黑山羊啊！因爲昔日您時常在我耳邊傳講顯密甚深法要，加上您大慈大悲的加持力，我死後就轉生到了香巴拉剎土，變成了十分聰明、通曉兩種語言的鸚鵡，並且能夠聽懂法王瑪嘎巴傳講的所有教言。在一個月之前，我已往生到了東方現喜剎土，在救畏菩薩座下，他就是米龐仁波切。我這次前來拜見您，願您長久住世，事業遍滿十方。」說罷化作一團光，消失了。

法王生起了極大的信心與歡喜心，唯恐日隔甚久會淡忘，於是立即執筆寫下頌文：

今聞東方現喜剎，無等大恩米龐尊，已成怙主救畏身，
無量淨眷菩薩中，開示深廣之教法。然吾沉於輪迴城，
業劣異生所化中，恆受病魔禍違緣，一心思維此理時，
心生悲喜交加情，內心深處常嚮往。唯有利眾弘佛法，
務必成辦利眾生，尊豈不知我無力？如今雪山此處境，
雖有眾多講修法，實則唯行世八法，修正法者如晨星，
一思此事發心疾。地上所住諸有情，難忍苦擔所按壓，
尚恆行於痛苦因，具悲怙主豈堪忍？與吾結緣諸有情，
祈求引導淨剎土，五濁極盛此顯現，願轉昔時圓滿劫，
今起生生世世中，父汝歡喜攝受吾，適合有情之意樂，

願設深法之喜宴！

所以我們應效仿法王殊勝的行徑，能講經的就講經，能勸誦念佛或〈普賢行願品〉等經論的就盡量勸誦，若這些都無法做到，看到小動物爲牠們念誦佛號或咒語也是法布施，經云：「如是一切布施中，法施最勝我宣說。」

無畏施：「畏」是恐懼、害怕之意，無畏施是讓眾生不會感到害怕的布施。如我們去菜市場看到一隻正要被宰殺的雞，趕緊把牠從刀口買下，因爲雞也會害怕死亡，不願意失去生命，所以買回來放生，讓牠不再恐懼。因此，放生就是無畏施。從能力大者可救回瀕臨死亡的人，至能力小者挽回任何微小生物的生命，如落入杯中的蚊子、蒼蠅等，這些都是無畏施。我們每天供水、供燈，有時會發現水裡有蛾或飛蟲等，若能及時搶救牠們的生命都要盡量去做，這也是無畏施。有人懷疑供水、供燈，是否間接造成殺生的罪過？其實沒有罪過，因爲根據佛經，我們不是故意要害死牠們，牠們是無意中死去的；可是也有人說若沒有供水、供燈，牠們也不會死，所以因果不虛，一定會有罪業。但是若按照這樣的說法，也可以說如果牠們沒有身體也就不會死了，可見這樣的邏輯是不合理的。然而，若我們明明看到這些昆蟲還活著、不斷地掙扎，不可以認爲自己是無意的、沒有罪過就不予理會，若是這樣，反而有罪過，犯下菩薩戒中的捨眾生罪。

有些人認爲自己哪有能力救人？其實是有的，就像現代科技愈發達，生活反而愈緊張、壓力愈大，人們的抗壓力自然變差，因此罹患躁鬱症、憂鬱症的人愈來愈多，甚至遇到一點挫折就產生輕生的念頭，需要有人對他們伸出援手。所以有機會要盡量挪出時間陪伴這些心理受傷的人，用佛法開導他們，並讓他們知道因果的道理，要曉得結束自己的生命並不能得到眞正的解脫，相反地，有更恐怖的果報等著他們，因爲即使自殺也是造了殺生的業，一樣要承擔殺生的過患，經過一番勸導，若對方打消自殺的念頭，這也是救人一命，就是無畏施。

揚唐仁波切說他第一次來臺灣時，從來沒聽過有人自殺，第二次來臺灣聽到有一個人自殺，第三次來臺灣聽到有幾個人自殺，後來聽到自殺的人數愈來愈多。這可能與生活型態有關，像西藏或是其他生活比較單純的地方，自殺的人很少，因爲生活辛苦，成長的過程中學會看開，爲什麼能看開？因爲他們對生活的要求不多，飽食暖衣就滿足了，其他時間都放在念佛修行上。

曾經有報紙刊登德國財產排名第五的富豪，雖然擁有鉅額財富，但因爲生意失利，必須賣掉一棟大樓償債，即使如此，他仍然有許多財富，但他受不了這樣的刺激，結果駕車撞火車自殺了。這就是欲望太大的緣故，如佛經所說「愈富愈貪」，這是事實。普遍上，有錢人可以執著的錢財比較多，對錢容易愈看愈緊；但是，有些沒錢的人也一樣對錢很執著。重點不是擁有錢財的多寡，而是內心對錢的執著。

5-2 持戒分三：禁惡行戒、攝善法戒、饒益有情戒。

禁惡行戒：禁止惡行的戒，即斷除身口意三門對一切眾生行不利的惡業。惡業有很多種，大致可攝為十種，即十不善業❼，斷除十不善業即為持禁惡行戒，如不殺生、不偷盜、不邪淫等。從大乘的角度來說，禁止惡行戒不只是不殺生，還要去放生；不只是不偷盜，還要去布施等，以此類推。

攝善法戒：無論善業大小都會盡力行持，即使是微小的善業也不會捨棄。《賢愚經》云：「莫想善微小，無利而輕視，水滴若積聚，漸次滿大器。」這意思就是不要輕忽小小的善業，因為一點一滴的小水滴能逐漸盈滿大容器，最後也能匯聚成大海。根據經中記載，從前有一位名為吉祥生的施主，他一百歲的時候才出家，卻立即獲得聖者的果位，諸阿羅漢不知為何如此，便請示佛陀，才明白原來在迦葉佛的時代，吉祥生施主投生為一頭豬，因為被狗追趕而繞塔一圈，依此善根，感得今日的果報。所以從小至大的善業都要行持，殫精竭力、盡己所能地去做。時常可見大樓張貼著「莫以善小而不為，莫以惡小而為之。」其實這句話出自佛經，雖然管理員的目的是希望住戶不要弄亂環境，但這句話與攝善法戒的意思是相符的，也可隨時提醒自己。此外，巴楚仁波切說攝善法戒可包括菩薩的一切學處或律儀。

饒益有情戒：即盡全力直接或間接地利益一切有情。利益有情的方法數也數不清，法王如意寶晉美彭措曾說過，末法時代能夠眞正利益到眾生是很困難的，因此，最直接利益眾生的方法就是放生，如《大智度論》云：「諸餘罪中，殺生最重；諸功德中，放生第一。」其他善業除非發心正確、見解正確，否則很難做到直接利益眾生。

雖然放生是最直接利益眾生的方法，但有些地方要做到完整的放生很不容易，因爲通常放生的環境並不適合所買的動物，即使找到適合的環境，但買來的魚可能是養殖魚或是專門爲放生而飼養的魚；放生小鳥也是同樣的情況，有些已經被人類豢養過，很難在大自然中生存。目前最方便的放生就是放生西藏的氂牛，因爲當地在屠宰場賣的氂牛確實是要被宰殺烹煮的，買下牠們是眞正的放生。如果在臺灣想做眞正的放生，可以去海邊買被釣

❼十不善業即殺、盜、淫、妄語、惡語、綺語、兩舌、貪心、害心、邪見。

客捕獲的魚，然後送到安全的地方放生，這是正確的方式。

5-3 忍辱分三：忍辱他人邪行之安忍、忍辱正法苦行之安忍、不畏甚深法義之安忍。

忍辱他人邪行之安忍：無論他人怎樣打、罵我，對於這些要修忍辱，若是不修忍辱反而生起瞋恨心，罪過相當大。《入菩薩行論》云：「一瞋能摧毀，千劫所積聚，施供善逝等，一切諸福善。」一剎那的瞋恨心能摧毀我們千劫中的善業，如布施、供養等善業都會消失殆盡，所以瞋恨心的果報十分嚴重。寂天菩薩云：「棍杖所傷人，不應瞋使者，彼復瞋使故，理應憎其瞋。」這意思是當別人拿木棒打你時，爲何不對打到自己最爲直接的木棒生氣，反而對人生氣？或許有人會回答，因爲人是指使者。

然而，其實打你的人也是被瞋恨心控制，所以若要生氣，理應對最根本的指使者——他的瞋煩惱生氣。仔細地想一想，爲何別人會打罵我？就是因爲他已經被瞋煩惱控制才會如此，所以無論家人、道友或同學、同事等生氣時，自己要修忍辱，依據教理、竅訣讓心平靜下來，若對方有錯，等待氣消之後再慢慢和他講道理，說出自己的理由，佛經也強調理由，就像講法須具備教證與理證一樣。

人在盛怒之時往往無法理智地聽講道理，而且也會忘記道理。巴楚仁波切說過人在不飢、不寒時閉起眼睛打坐，假裝是很好的修行人，宛如密勒日巴一樣；等到遭逢逆境，便把修行拋在九霄雲外，全忘了。因此從現在開始要修忍辱，努力串習非常重要。忍辱不是表面忍氣吞聲，但內心卻埋怨不已，這樣忍不了多久，不滿的情緒終究會爆發，應要憶念寂天菩薩說過的話，對方被煩惱控制了，這不是他的錯，若能如此思惟，就不會和對方計較而能好好修忍辱了。《入菩薩行論》云：「若事尚可改，云何不歡喜，若已不濟事，憂惱有何益？」這也是修忍辱很好的竅訣，要善加運用。

忍辱正法苦行之安忍：為修持正法，不畏一切艱難而苦行。無等導師釋迦牟尼佛在過去世時為了聽聞一句佛法，將自己的身體插入千盞燈芯以作供養，類似的行徑在佛陀的本生傳中有許多公案；印度的那洛巴尊者，也經歷過十二大苦行、十二小苦行才獲得成就；

同樣地，密勒日巴尊者修行時衣不蔽體，僅以蕁麻來果腹；龍欽巴尊者在冬季下雪時進入牛皮袋中，作爲保暖的衣服與支撐的坐墊。往昔所有的成就者都是以苦行精進而獲得成就，如續部的經典云：「越過刀山與火海，捨身赴死求正法。」

有些人說上過不少佛法課，但是沒有什麼進步，修誦法本也沒有什麼進展。其實原因多半是自己用功的程度不夠，卻想在短時間內獲得成果，若抱持這樣的心態，無論去哪裡學習都不會成功。也許我們無法像過去的高僧大德一樣，能夠爲了一句佛法而忍受許多的苦行與磨練，但至少也要圓滿五加行或其他功課，不要因畏懼勞苦而心生懈怠，努力用功非常重要。

身爲一名居士，爲了生活、家庭等等，沒辦法像出家人一樣整日修行，況且現代社會的生活品質不斷升高，壓力就隨之愈來愈沉重，但是每天仍至少要修行二小時，否則一直忙碌不停，直到死亡來臨的那日，仍會有做不完的事，最後只會徒留懊悔而已。我們往往認爲這件事沒有我來做是不行的，家裡需要我帶小孩，或需要我送孫子或曾孫上課，諸如此類的零碎事情永遠也忙不完，以致修行的安排不斷往後延。所以要趕快清醒過來，能放下的盡量放下，等孩子讀完大學，自己的責任就可以卸下了，讓孩子們好好做他們想做的事，自己專心念佛、修行。也有父母不等孩子長大成人就跑去出家，這樣也不是正確的行爲，因爲給孩子很好的教養很重要，之後的生活就要看他自己的造化。

古老的印度有個很好的習俗，一旦頭髮花白、上了年紀以後，家務事就交由晚輩處理，自己前往阿蘭若（道場）安住，在森林中念佛、精進地修行。人生非常短暫，別爲了家庭、事業等等而日月蹉跎，如龍欽巴尊者所說：「世間瑣事死亦無完時，何時放下即了乃規律。」又說：「所作所爲如兒戲，做無終了放則了。」可見事情始終做不完，所以叫作輪迴啊！

不畏甚深法義之安忍：即對非常殊勝的法如遠離戲論的空性、大圓滿、大手印等，無有畏懼地去修持。從前在喀什米爾有二位比丘前往阿底峽尊者處學法，當時由於小乘佛教在喀什米爾十分盛行，所以此二比丘嚴守戒律，十分清淨。當阿底峽尊者講授人無我時，他們聽得相當歡喜，津津有味；後來阿底峽尊者講法無我時，他們很害怕，摀著耳朵不敢聽；最後聽到《心經》中的「色即是空，空即是色……」，便逃之夭夭了。

雖然我們尚未瞭解殊勝的佛法，但心裡要完全信受，這樣有朝一日肯定可以瞭解。一般書籍讀懂之後，就完全是眼前所看到的內容而已，科學類的書籍也是如此，沒有蘊藏愈來愈深的道理。但佛教的任何一部經論則非如此，假設今天閱讀一本佛經，覺得內容大概明白了，隔天再讀一遍，會發現其中有許多道理是昨天沒有領悟的，反而愈讀愈能深入其中殊勝的意義，這就是佛法的特色。所以要求大家一再地研讀佛經，是有其重要性的，讀的次數愈多，明白的道理就愈多，反之則愈少，這是一定的。總之，對非常殊勝的法如無生無滅、遠離戲論、大圓滿、大手印、大中觀等法要，即使自己尚未了悟也不可誹謗，而要生起信心，並發願將來有朝一日自己也能依此獲得證悟，所以要不畏甚深的法義而修忍辱。

忍辱的功德很多，在《入菩薩行論》云：「來生成正覺，今世享榮耀，生生修忍得，貌美無病障，譽雅命久長，樂等轉輪王。」這些都是闡述修安忍的功德。

5-4 精進分三：披甲（擐甲）精進、加行精進、不饜足精進。

披甲精進：如同披堅執銳、全副武裝一般，比喻對於修行無所畏怯、勤奮勇猛。當聽到密勒日巴、龍欽巴尊者或其他高僧大德的修行事蹟，而認為他們是菩薩、自己是凡夫，怎麼可能做到像他們一樣？這種想法是不對的。應該要想他們是人，我也是人，也許我沒辦法超越密勒日巴等大德，但是我可以像密勒日巴尊者他們那樣修行，這是肯定的。我們向高僧大德傳承的弟子們學法，即使無法超越他們，也要做到像他們一樣，心裡要產生這樣的想法，對佛法生起歡喜心而努力實踐，這就是披甲精進。

加行精進：就是眞正實踐布施、持戒、忍辱、精進、禪定、智慧，不只是披上盔甲準備上戰場而已，而是直接在戰場上與煩惱敵搏鬥，所以更進一步的精進就是加行精進，不再蹉跎，應當放下世間一切瑣事，把握當下，努力修持正法。

不饜足精進：「不饜足」就是不滿足。我們對於一般世間的財物或其他需求要心存知足，若是不停追求，就會帶來許多的問題與痛苦，但是，對於佛法的追求則萬萬不可有知足之心，因爲愈是瞭解佛法，愈能帶給我們許多意想不到的幸福與快樂。祖師大德曾經說過：修行要像飢餓的氂牛吃草一樣，一邊吃草，一邊注視旁邊的草地，內心盤算著下一口要吃哪裡的草，等咀嚼到旁邊草地時，又關注其他地方的草。修行也要如此，如心裡想等修皈依文誦完十萬遍後，還要繼續修發心文十萬遍，等到修發心文十萬遍時，又想接著還要再修哪些加行，總歸就是修完一個法後，還要再修其他法的心念。所以對於佛法的修學不可以覺得已經夠了，要不斷地努力再努力，這就是不饜足精進。

總而言之，精進很重要，若沒有精進，其他布施等五度都無法圓滿，因此寂天菩薩說：「忍已需精進，精進證菩提，若無風不動，無勤福不生。」假設心中有了精進，其他善業將自然成就，如云：「身心若振奮，眾善皆易成。」由此可知，只要不斷精進，想要成佛的願就不會遙不可及了。

5-5 靜慮：靜慮即是禪定。

5-5-1 修禪定之前需要遠離禪定的障礙並具備禪定的條件。修禪定必須淨除的障礙有二：身體遠離憒鬧和心遠離妄念。

身體遠離憒鬧：禪定初學者需要遠離嘈雜、喧譁的地方。嘈雜的聲音又被稱爲「禪定的刺」，因爲在人多喧鬧之處打坐容易分心，注意力往往跑到講話的聲音上，內心很難安定下來，所以通常道場都座落在郊外的僻靜之處。《發起菩薩殊勝志樂經》中宣說憒鬧有二十種過失❽，修禪定的人一定要遠離這些過失。

心遠離妄念：就是捨棄對世間的貪、瞋等妄念，比如包含對身外之物的貪念以及對內

---

❽一者，不護身業。二者，不護語業。三者，不護意業。四者，多饒貪欲。五者，增長愚癡。六者，耽著世話。七者，離出世語。八者，於非法中，尊重修習。九者，捨離正法。十者，天魔波旬，而得其便。十一者，於不放逸，未曾修習。十二者，於放逸行，常懷染著。十三者，多諸覺觀。十四者，損減多聞。十五者，不得禪定。十六者，無有智慧。十七者，速疾而得，非諸梵行。十八者，不愛於佛。十九者，不愛於法。二十者，不愛於僧。

在有情的貪念。要捨棄貪念首先要知道貪念的過患，龍樹菩薩云：「積財守財增財誠可憐，應知財為無邊罪根源。」積聚財物要經歷許多勞苦，一旦擁有一點財物就開始擔心被搶走或騙走，這就是守財的痛苦，有一點財物後又想要擁有更多的財物，內心無法滿足，如頌云：「愈有愈貪如富翁」，這樣的痛苦使富翁與窮人沒什麼兩樣，同樣感到不滿足，因此，佛陀曾說知足是最大的財富，所以今生能夠吃飽穿暖就應該知足了。對內在有情的貪念包括對自、他身體的貪戀，如寂天菩薩云：「自身本無常，猶貪無常人。」

對於有情的貪應如何斷除呢？若時間充裕，可以觀修「轉心四思惟」❾來斷除；若時間不足，則可觀修無常四相：「生際必死、積際必盡、合際必分、高際必墮。」使自己的內心所思所念都是佛法，不願謀取今生一切安樂的心態。這些都是大小乘共同必須遠離的妄念，若僅就大乘而言，還須加上遠離自私自利的心態，因為這些都是大乘禪定的障礙。

禪定的條件有二：首先要找一處非常安靜的地方，若棲身於靜處，則平時難以克制的煩惱自然而然就會減少，心中容易生起慈悲等功德，如《月燈經》云：「居於深山勝靜處，一切威儀皆爲善。」其次，在寂靜處生活必須不墮二邊：生活資具不要太豐富而近於奢侈，也不要太簡陋使性命受到嚴重的折磨，只要衣食能夠溫飽，其他時間就安住在修行上。

5-5-2 眞實靜慮（禪定度）分三：凡夫行靜慮、義分別靜慮、緣眞如靜慮。

凡夫行靜慮：心專注一境爲「禪」，攝心不亂爲「定」，禪定的本體是不散亂。作爲初學者要時常觀察此心是否安住，所以「觀察」與「安住」要輪流修持。因爲希求樂、明、無分別的覺受，所以耽著此三種覺受而修持禪定，稱爲凡夫行靜慮。特別要注意的是在「明」的階段，有些人以爲自己有神通或擁有預知的能力而變得自以爲是，開始向人講神通，因此誤入歧途、自欺欺人，所以在此階段需要格外注意、謹慎。

義分別靜慮：在凡夫行靜慮的基礎上，經由理證而了知空性與寂止雙運圓融，是禪定的第二階段。對於上述三種覺受（樂、明、無分別）沒有耽著與希求，因爲已經體驗過

❾即思惟人身暇滿難得、死亡無常、輪迴過患、因果不虛。

了。此階段雖然對樂、明、無念已經沒有執著，但是對於對治品——即對治這些執著的空性仍有希求心，此即義分別靜慮。

緣眞如靜慮：即是與佛陀的禪定相似，安住於法界或一切法的實相，止觀一味，斷除對實相、空性的執著，親自體證到萬法實相、眞如本性的境界，這是眞正的禪定，也是禪定的最後階段。堪布阿瓊仁波切說：「在資糧道時，著重在修行凡夫行靜慮；加行道時，著重在修義分別靜慮；如來之靜慮則已經是見道以上了。」

5-5-3 坐禪之前的三個要點：分爲身、語、意三種。

身體的要點：依毗盧遮那七支坐法：⑴雙足跏趺坐：即兩腿向內彎曲、交互重疊成雙盤的坐姿，但是右腳一定要放在左腳上，若因生理問題而無法雙盤就不必勉強，單盤也是可以，只要身體挺直就行了。⑵手結定印：就是禪定的手印，右掌置於左掌上，雙手大拇指輕觸。⑶脊椎正直：脊椎一定要直，這非常重要，因爲身直則脈直，脈直則風直，風直則心正。所以坐禪時脊椎不能左斜右傾。⑷頸部微俯：頸部往前微屈。⑸眼觀鼻尖：眼睛注視著自己的鼻尖。雖然修大手印或大圓滿等有多種觀看的方式，但剛開始修止觀者，眼觀鼻尖是重要的基礎。⑹肩臂後張：雙臂稍微往後擺放。⑺舌抵上顎：就是舌尖輕觸上顎。

語言的要點：有禁語、數息、鼻排濁氣等多種要點。對於像我們這樣的初學者而言，禁語相當重要，不講八卦、綺語、是非，因爲這會影響自他的修行，而影響他人的修行是菩薩戒中的四種黑法之一，所以講話要節制，否則一旦養成多話的習慣就非常難改。因此，禁語非常重要，蓮花生大士曾云：「雜有綺語誦一月，不如禁語誦一日。」巴楚仁波切也說：「誦經念咒等時，如果攙雜一些無意義的話語，無論念誦多少咒語都無有結果。」

爲何如此呢？因爲若不禁語，講別人的是是非非，嚴重的甚至還說挑撥離間的話，其中破壞上師與弟子間的和合是最嚴重的離間語，其次是離間金剛道友，再來就是離間普通人之間的友誼。即使如此，罪過也相當嚴重，可能招感墮入地獄的果報，就算異熟果報結束後投生爲人，也會與他人無法和睦相處、所言無人聽從、講話無有力量等，這些都是多言的過患，由此可見禁語的重要性。今日我們選擇修行的道路，一定要多下工夫，否則告訴別人自己學佛多久或吃素多久，這些都只是表面上的修行，眞正的修行是發自內心並完全實踐佛法的內涵，這點非常重要。

意的要點：除了修前行時須作「發心」等等的思惟之外，最後要在不作任何分別妄念、不執著一切之中入定，此亦爲禪定的本體。若進一步修大手印或大圓滿時，意的要點就更多了，此不贅述。總之，鞏固且穩定修行的基礎要點後，往上走就比較容易，《中庸》說：「辟如行遠必自邇，辟如登高必自卑」，腳踏實地、一步步學習才妥當，否則日後修更高深的法要時，難有顯著的進步。

5-6 智慧分三：聞慧、思慧、修慧。

聞慧：聞是指聽聞佛法，在善知識座前聽聞經論的內容並如實理解就是聞慧。善知識所闡述的殊勝妙法，無論是詞彙（詞）和內涵（義）都要完全瞭解，否則不能稱爲聞慧。

經論中講述很多聽聞佛法的功德利益，不要說親自去聽聞佛法，光是爲了讓大眾來聽法而敲打的鼓聲或是吹海螺的聲音，凡是聽到這些聲音的眾生，心續中皆播下了解脫的種子，更何況親自聽法，功德就更加殊勝了。如《犍椎經》（或稱《聲鳴經》）云：「為示講法時，擊鼓敲犍椎，聞聲獲解脫，況且親聽聞。」

現今社會想要聽聞佛法是非常困難的，在家居士有家庭、工作，必須上班及照顧孩子等，這些是需要做的事，但如果連每週撥出二小時聽聞佛法的時間都沒有，就要自我反省。雖然人都會有不得已的情況，但不得已也是自己造成的，想盡辦法還是可以克服；如果非常重視學習佛法，認為這才是自己最需要的，就會提早或延後去處理其他事情。現在的信眾很喜歡接受灌頂或是參加法會，認為這些活動可以得到加持，但若是不懂得法義，想要得到眞正的加持也很困難。

有一次在過年的時候，益西彭措堪布特地對弟子們開示，他說對眞正的修行人來說，無論是看電視或上網都是不好的行為，因為電視的威力很大，它要你笑你就笑，要你哭你就哭，完全被它控制，時間到了一定要打開電視，而把修行放一邊，所以作為修行人要盡量少看電視。除此之外，現在科技進步，電視或網路上都可看到一些佛法的課程，資訊發達應用在學習佛法上是允許的，否則不要上網或看電視，再說網路上的訊息不一定都是好的，有很多良莠不齊的內容，出於好奇心瀏覽不僅影響自己的修行，連心都受到染汙而變得不清淨，這樣蹉跎歲月，非常浪費我們寶貴的人身，所以叮嚀弟子們一定要節制看電視與上網，挪出時間好好用功。

有些人說看電視也可以念佛，但如果養成邊看電視、邊念佛的習慣是很不好的。前面提過，過去的修行人以毗盧遮那七支坐法來修持佛法，身體連一點點都不可以歪斜，我們現在窩在沙發上，邊看電視邊念佛，除非自己的修行成就已經超越過去的高僧大德，不然這樣是不對的。如寂天菩薩所說：「雖久習念誦，及餘眾苦行，然心散他處，佛說彼無益。」所以我們要盡量騰出時間用功，比如之前每天要花一小時看新聞，現在減為半小時；以前每天看電視二小時，現在減為一小時，多出來的時間就可以用來念佛、讀經或是上課、打坐等，總之，應盡量如理如法地修行。

末法時代聽聞佛法對我們來說更加重要，如果有機緣能夠學習如《入菩薩行論》〈普賢行願品〉《菩提道次第廣論》或是《普賢上師言教》等，並瞭解其內容，則無論遇到任何人，都不會被欺騙或是走偏，因爲你已經完全瞭解佛法是怎麼一回事，心裡清清楚楚，有判斷的能力與智慧。否則，可能會有被邪師帶離正道、走火入魔等種種弊端。聽課只聽一半的人也要注意，至少要聽完一部經或論，假設中間有缺課卻沒有補回、甚至完全放棄，那麼即使下回再上同樣的課，也容易無法圓滿上完，中途遇到障礙而導致無法上課，這是很不可思議的業果法則，因此，許多善知識都曾說，聽聞一部經論要從頭到尾完整聽完。

此外，聽聞佛法的課要盡量不中斷，否則會造成往生西方極樂世界二種障礙中的其中一種⑩——捨法罪，務必特別小心。有些人不瞭解這個道理，認爲有空才來上課沒有關

⑩往生西方極樂世界有四條件與二障礙。四條件：明觀福田、累積資糧、發菩提心、發清淨願。二障礙：造五無間罪、捨法罪。

係，反正結個緣嘛！現在知道後果嚴重，乾脆放棄不上課，這是有可能的。其實修行是自己的選擇，既然選擇修行，就認眞去做，不然這樣的選擇也沒有什麼意義。如果之前有缺課的人要懺悔，並下定決心從現在開始盡量不缺課，如此洗淨罪愆，之後就要好好聽聞佛法。

思慧：在善知識座前聽到的殊勝妙法，不能僅是大概理解字面上的意思，應仔細思惟、反覆研究之後有所抉擇，一旦有疑問立即請教他人。這樣當自己獨自修行或是閉關時就知道要如何修，不必問任何人，所以思慧的目的就是去除法上的疑惑，將來不需要靠別人，可以獨自修行。

修慧：對於聽聞的佛法完全瞭解、沒有任何的疑惑，最後生起徹底的定解與甚深的信心，然後親自去實踐、實修，這就是修慧。我們從善知識所聽聞、思惟的一切正法，一定要去實修，否則意義不大。如龍樹菩薩云：「雖學多論，不修無益；雖持明燈，盲者無利。」寂天菩薩亦云：「法應恭謹行，徒說豈有益？唯閱療病方，疾患云何癒？」總之，六度當中以智慧度最爲重要，《般若攝頌》云：「無導天盲千萬億，不曉道豈入城市？無慧無目此五度，無導不能證菩提。」《入行論》云：「此等一切支，佛爲智慧說。」《維摩詰經》中也說：「未以智慧攝持的方便爲菩薩的繫縛。」由此可知智慧極爲重要。

六度各自的功德在《中觀寶鬘論》中云：「施財戒安樂，忍美精進威，定寂慧解脫，悲成一切樂。」意即修布施度將來於無勤中便可獲得受用、財富；修持戒度可轉生於善趣獲得安樂；修安忍度可獲得神采奕奕、容貌莊嚴；修精進度可獲得威嚴；修靜慮度可除去掉舉等一切分別念，而成就無礙解與神通等；修智慧度可於二取獲得解脫。悲憫一切有情，可獲得成辦自他的一切利益。

6. 由前五因而不忘覺心願

恆不忘失菩提心

〔概要〕願一切時處，不忘爲了度化輪迴中的一切有情而發誓成佛的世俗菩提心，以及證悟遠離戲論的勝義菩提心。

由於前面五因的關係而不忘覺心的願，即透過前述的五個願而不忘記菩提心。《入菩薩行論》的第一品及《華嚴經》等經論講述很多菩提心的功德利益，例如：菩提心是成佛的因，像種子一樣；菩提心像農田，如果沒有田，農夫沒辦法播種大米、小麥等，故菩提心是增長善業的沃田；菩提心是洗淨業障的水；菩提心像劫末火，劫末火是旃檀火的七倍熱度，而旃檀火又是一般火的七倍熱度，任何東西包括堅硬的鋼鐵一旦碰到劫末火也會立即熔掉，同樣地，菩提心可以燒掉所有罪業。還有，在《入行論》第三品中也說，菩提心是斷除生死輪迴的殊勝甘露，是去除貧困的無盡寶藏，也是治療煩惱疾病的最勝妙藥，功德不可思議。《華嚴經》云：「菩提心能利益一切世間，故如所依⓫。」《勇施請問經》又云：「菩提心功德，若具色相者，遍十方虛空，亦難容受之。」此處要知道菩提心、覺心或發心都是同義異名。

在「無上供養」時已經講了菩提心分兩種：世俗菩提心與勝義菩提心。一般凡夫都可以發世俗菩提心，而勝義菩提心是空性，遠離言詮，必須證至見道位（初地）以上的菩薩才能眞正生起，一般凡夫無法如此。世俗菩提心又分爲二：願菩提心與行菩提心。《入菩薩行論》：「略攝菩提心，當知有二種，願求菩提心，趣行菩提心。」願行菩提心二者的差別爲何？寂天菩薩云：「如人盡了知，欲行正行別。」即是欲往與正在行的差別，譬如爲了利益一切眾生的緣故，我欲成佛，這是願菩提心，屬於發願的性質。行菩提心則不僅是發願而已，還要親自實踐，爲了利益一切眾生故我要成佛，因此修持布施、持戒、懺悔等。巴楚仁波切曾舉例：一個人想去拉薩是「願」，正在往拉薩的路上是「行」。

「菩提心」的定義爲具有兩個條件或兩種意義：一、緣眾生的悲心，一切都是爲了眾生，何以故？因爲眾生處在輪迴的火宅中而不自知，甚是堪憐；二、嚮往菩提、意欲成佛。具足此二者才算是正確的菩提心，缺一即非。無論是願菩提心或行菩提心，一定都要

⓫ 指如大地一般可以依靠。

具足此二者。願、行菩提心不只是發願而已，還帶著「我一定要成佛」的誓言，如《現觀莊嚴論》說：「發心爲利他，願證菩提果。」即爲了眾生，發誓成佛。

每個人都可以發世俗菩提心，這也是我們能力的範疇；勝義菩提心則不是凡夫的境界，不容易做到，除非證悟空性、獲得初地以上的果位。迴向時我們也會做類似三輪體空的迴向，即迴向者、迴向的對境、迴向的善業全都視爲空性，但只是大概瞭解空性而已，如果能夠完全證悟空性，就是勝義菩提心了。雖然世俗菩提心能夠消除業障，但眞正最殊勝、能完全消除業障的是勝義菩提心，因爲空性中不存在善、惡，了悟自己的本性、佛性是最殊勝的，所以我們一定要努力證悟空性。如果每天不斷地發願，如此願力強盛、業障消除、福德增長，總有一天一定可以證悟。

從前禪宗六祖慧能在叢林裡劈柴、燒飯、辛苦地做雜役，因此累積福報並消除業障，所以當他聽到五祖弘忍向他開示《金剛經》裡的「應無所住而生其心」時就立刻開悟。同理，我們每天拜佛、念佛，就是在累積福報、消除業障，總有一天我們也一定會證悟。總之，不能因爲勝義菩提心超過我們的能力所及就擱置一旁，還是要用功、多讀一些書，如龍樹菩薩所著的中觀五部論典（或說六論），其中有許多針對空性的解釋方法和邏輯，幫助我們瞭解空性——萬法的實相。還有，透過寂天菩薩的《入行論．智慧品》、米龐仁波切的《定解寶燈論》等典籍，逐漸串習，會令我們與空性愈來愈接近。反之，若因爲不是我們能做到的所以不去接觸，這樣還有證悟空性的機會嗎？機會肯定會更少，所以要多學習《中觀》講述般若空性的論典，無論如何，一定要努力！

菩提心就心量來說分三：國王般的發心、舟子般的發心、牧羊人般的發心，其中牧羊人般的發心最殊勝。以地道來分的話有四種；若由體性來分則有世俗和勝義二種。另外，《現觀莊嚴論》以比喻來闡述發心的種類有二十二種：「如地金月火，藏寶源大海，金剛山藥友，如意寶日歌，王庫及大路，車乘與泉水，雅聲河流雲。」菩提心爲成佛之因，若沒有菩提心，即使做了許多其他的善業都不會成爲成佛的因，由此可知菩提心的重要性，此是大乘教法的精髓，一定要具足。如《菩薩地論》云：「發了菩提心之後，就不會墮入二邊，因此能速疾成就佛果。」上班工作時若存菩提心，每天工作都是在修行，即使沒穿袈裟也能成佛，不是非要出家才能成佛。勝義菩提心可說是佛的智慧，是每位眾生本具的佛性，也可說中觀主要的所詮，沒有證悟空性則無法生起，只要不斷努力，有一天福報因緣具足、業障消盡時終會了悟。

總之，透過前面的五種願而不會忘記菩提心。不忘菩提心相當重要，沒有菩提心即已失壞大乘種姓，大、小乘的差別就在於有沒有發菩提心，因此要發願「恆不忘失菩提心」。西藏的高僧大德常說菩提心是「有則皆足，無則皆缺」，有菩提心則一切都足夠了，若沒有菩提心，其他即使擁有再多也都不夠。我們每天念〈普賢行願品〉時，不要忘記生起菩提心，隨文入觀而發願也是爲了增長、不要失去菩提心。

「恆不忘失菩提心」的字面解釋，是在「憶念宿命」等五種願的前提下，祈願不忘救度一切有情脫離輪迴的增上意樂，此即世俗菩提心；願能安住於法界離戲論的智慧，即勝義菩提心，一切時處都不要忘記這二種菩提心。菩提心的具體修法在《普賢上師言教》以及《前行備忘錄》中講解得非常詳細、清楚，有機會一定要仔細閱讀。簡言之，先修四無量心，然後再修菩提心，這樣的修法次第非常重要。

7. 遠離障礙願

滅除障垢無有餘，一切妙行皆成就。

〔概要〕願圓滿不忘失菩提心的一切順緣後，速疾滅除由三門所造的一切惡業及邪見、傲慢等煩惱障。總之，滅除能阻礙生起大乘道的一切障礙，連習氣也被消除殆盡，並且能夠圓滿成就菩薩所有的妙行順緣。

前面已講過不忘菩提心的順緣，完全具足這些順緣之後，就要斷除菩提心的違緣，如四黑法、十八墮罪。一切妙行即是普賢行或菩薩行，是前往菩提的道路，要完成這些妙道就必須斷除障礙。想想爲什麼我們不能像過去的高僧大德那樣有成就？我們從開始修行到現在都沒得到任何感應，或者說已經修本尊修了許多年，卻連夢中都沒有任何徵兆，爲什麼呢？因爲障礙太多，所以無法順利修行，故「滅除障垢無有餘，一切妙行皆成就。」就是完全斷除障礙才有辦法獲得成就。

「障」是障礙，主要指修道上的障礙。修行時遇到的障礙有很多，從小的障礙來說，如我們聽聞佛法時沒辦法從頭到尾全部聽完以致中斷了傳承，這也是障礙，而且嚴格來講，斷掉口傳屬於斷法罪、捨法罪；還有，聽課時想睡覺或身體非常疲憊、無法專注聽課等，這些也是障礙。障礙本身可分爲外障、內障和祕密障等三種，外障是指外在的干擾，舉凡由地、水、火、風所產生的障礙均屬此類，譬如遇到地震、水災、火災、龍捲風等；還有，想要修行的時候忽然有人來找你或家裡發生事情，亦或是下班後想去聽課但老闆卻要你加班，或是前往接受殊勝的灌頂時飛機卻延誤等，這些都是外障，以此類推，外魔也算是外障。

內障就是自己內四大的地、水、火、風不調，身體產生疾病故無法聞思修。密障是自己內心貪瞋癡等煩惱粗重而無法聞思修，或是禪坐時心一直無法安定下來，雜念很多，所以我們要學普賢菩薩，發願滅除內、外、密的一切障礙。

「垢」是垢染，指煩惱習氣，包括前面所說的貪瞋癡等；「無有餘」連一點點的習氣都不要留下。此處的藏文版裡有「業」，像是遠離大乘的心態、遠離菩提心等，這些都屬於業。我們發願完全淨除大乘道的一切障礙，甚至連一丁點障垢的種子與習氣都不殘留，這需要靠自己依身語意三門努力懺悔、淨除障礙，勤修七支供中的懺悔法門。漢傳佛教有梁皇寶懺、大悲懺等懺罪的法門，密宗的教法中以修金剛薩埵懺罪最爲迅速。

依身、語、意懺悔的方法如下：身的懺悔包括大禮拜、繞佛、朝聖等。做大禮拜時需按規矩以五體投地的方式禮佛，即額頭、雙掌、雙膝一定要觸地，薩迦班智達所寫的《大禮拜功德利益文》對此有詳細解說。此外，孝順父母、尊敬師長、幫助病人等也是身的懺悔。

語的懺悔包括念經、持咒、造論等。揚唐仁波切說過念誦《金剛經》《大解脫經》〈普賢行願品〉是懺悔業障的殊勝法門，爲什麼呢？因爲業障的禍根是執著，一切有爲法如夢、幻、泡、影，空性中根本無業可言，所以能夠最快速地遣除業障，因此懺悔要念《金剛經》，其他的《般若經》《法華經》《華嚴經》《心經》亦是同樣的道理。若能值遇《大解脫經》眞可謂稀有難得⓬，如此經云：「若有善男子善女人，生一念信心，若能書寫讀誦一偈，念是相、憶是相、觀是相，信心成就，一念之頃，除卻九十億那由他恆河沙等微塵數劫生死重罪，永離闇障，明知如來常住不滅。」而〈普賢行願品〉是初地菩薩以上的境界與願力，故極爲殊勝。還有《淨除業障百咒》、百字明等咒語消除業障是非常有力量的。

造論也是懺悔的殊勝法門，無著菩薩與世親菩薩是兄弟，哥哥無著一開始就學習大乘佛法，而弟弟世親學的則是小乘佛法，由於世親非常精進且具極高的智慧，很快就精通小乘的教法，甚至認爲唯有小乘法才是佛法，故而譏諷大乘的主張。

一時無著認爲調伏世親的時機到了，便命二位比丘受持、熟記《無盡慧經》與《十地經》，並囑咐要先念誦前者。這兩位比丘依照吩咐至世親處，黃昏時先念《無盡慧經》，世親心想：「大乘因上是好的，果上可能是散逸的。」黎明時比丘念了《十地經》，世親又想：「原來大乘的因果二者都是好的。我因爲誹謗而累積大罪業，應斬斷自己誹謗大乘的舌頭。」於是找來一把刀準備割下舌頭懺罪，二位比丘連忙阻止，然後帶他到無著的面前，無著告訴他即使割下舌頭也無法懺淨罪障，還不如著書立說以闡揚大乘經典。此後，世親寫出許許多多的大乘論典與釋疏，如爲弘揚《華嚴經》而造《十地經論》及《攝大乘論》等，至今仍廣爲流傳。

以意消除業障的方法有很多，也是最根本的，如發起菩提心，因爲菩提心如劫末火，消除業障如同在大火中丟入一張紙就立即燒盡。此外，依觀修空性、實修生圓次第、大圓

⓬ 漢地原經名《大通方廣懺悔滅罪莊嚴成佛經》。佛在經中言：「善男子！若八萬劫為一日，以三十日為一月，十二月為一歲，以此歲數過百千萬億劫，得值一佛，復過是數，得值一佛，此經難值，復過於是。」

滿、大手印等來消除業障是最爲殊勝的，關鍵是所謂的「業障」保存在阿賴耶識中，如果透過善知識的指點與自己的修行，即能了悟阿賴耶識的實相即是佛性，亦是如來藏；若未了悟，則僅是第八識——阿賴耶識。若能了悟禪宗所說的「明心見性」，或者密乘所說的「本覺」，或是大圓滿提到的「自然的智慧」，或是《寶性論》等大乘經典所說的「如來藏」，由於實相中一切都是清淨的，因此業障就沒有存在的餘地。

三、不染妙行願

於諸惑業及魔境，世間道中得解脫，
猶如蓮華不著水，亦如日月不住空。

〔概要〕祈願能從使我們生於三界的一切惡業、貪等煩惱、阻礙修法的魔業中獲得解脫，就像蓮花生於泥沼卻不被汙泥染汙一樣，願自己雖然生於輪迴中，也能不被業煩惱等輪迴的過患染汙。猶如日月能令稻米成熟、帶來光明等種種利益，卻不會被虛空阻礙一樣，願自己雖然能利益世間諸多的眾生，卻不被貪求世間回報等煩惱障礙，能夠利益無邊無際的眾生。

「惑」是指貪等煩惱，「業」是導致生於三界的惡業，「魔境」是凡能阻礙修行的一切事物，願我等一切眾生能從充滿惑、業、魔境的世間中獲得解脫。好比蓮花雖然生於泥淖之中卻不被汙泥所染一般，同樣地，自己雖然住在輪迴當中，願我在任何一處世間道——地獄、餓鬼、旁生、人道、天或非天之中利益眾生時，也不會被輪迴中的煩惱、業和魔境等三種過患汙染。

太陽和月亮雖然有讓莊稼成長並照亮世間等諸多利他的功德，不過它永遠也不會被天空阻礙。「住」有被阻礙的意思，而且也不會因爲能令莊稼成熟與照亮世間等而有任何希求回報的心。同樣地，願自己將來能夠利益一切眾生時也不祈求任何回報，以此心態去利益眾生就是菩薩行！一般世間人是你對他好，他才會對你好，菩薩不是如此，完全都是利他的心，眾生若向阿羅漢、聲聞、緣覺祈求，他們當然會幫忙，但菩薩是眾生不需要求他，只要看到有需要時，就會主動利益他們，菩薩的殊勝即在於此。《入行論》也說：「故雖謀他利，然無驕矜氣，一心樂利他，不望得善報。」因此菩薩在輪迴中度化眾生時，沒有任何希求回報的心。當我們在念誦此偈時應發願：願我在輪迴中利益眾生時，能夠沒有一絲一毫欲求回報的心。

四、利樂眾生願

悉除一切惡道苦，等與一切群生樂，
如是經於剎塵劫，十方利益恆無盡。

〔**概要**〕祈願迅速滅除盡虛空十方世界中一切惡道有情的痛苦，並將一切眾生平等地安置於增上生的人天安樂，引導一切眾生逐漸走向究竟的大菩提⓭，在所有剎土微塵數的諸劫間，以佛法種種的殊勝方便來利益眾生。

十方剎土中一切有情如地獄的痛苦，由於業力所感而有八寒、八熱、近邊、孤獨等十八個地獄，其實數量不只如此，但總的來說，可用十八地獄來涵蓋。除此之外，還有餓鬼、旁生、人類生老病死等痛苦。很多痛苦無法用言語形容，若僅以水中生物來觀察，每天漁市場裡有成堆被捕獲的魚、蝦、螃蟹、泥鰍等，在沒有慈悲心的刀刃下失去牠們寶貴的生命，不是牠們自己想失去生命，牠們與人類一樣也希望長壽、快樂、無病，佛陀說過旁生趨樂避苦的欲求與人類完全一樣，所以將心比心，如果那個躺在砧板上掙扎、求生的眾生是自己，感受會是如何？

在西藏，當乳牛大到可以開始擠奶的時候，就被主人日日抽取身體的精華，直到老了沒辦法再生小牛時就會被賣掉。當在屠宰場被宰殺時，因為現在科技發達，活生生地就用

⓭此處大菩提乃指成佛。

機器直接把牠的皮、肉、手腳迅速分解，一下子在急劇的痛苦中結束生命。其他旁生所受的種種痛苦，在索達吉堪布所著的《悲慘的世界》中有清楚的描述，人類種種奪取動物生命的殘忍景況難以想像，眞是罄竹難書。

之前我的住處來了兩位美國摩門教傳教士爲我禱告，禱告的內容很好，就是感謝主讓他們今天能夠認識我，並且祈求主賜給我長壽、健康等。我告訴他們禱告的內容蠻好的，但是聽說他們的宗教認爲動物是專門給人食用的，是眞的嗎？他們說沒錯，並拿出一本有中文對照的《摩門經》，其中確實提到野獸、牛等動物是上帝創造出來給人類享用的，所以把動物視爲人類的資具並不爲過。其實，這是非常錯誤的觀念，每一個有意識的生命，甚至是蟑螂、螞蟻、蚊子等昆蟲，都不願意被殘殺。有些人說爲了維持生計所以沒辦法不殺生，但實際上是可以的，《普賢上師言教》裡提到西藏國王松贊干布執掌國政並征服邊境的所有軍隊，可是連一個眾生的汗毛也沒有傷害過，如今我們爲了建立如蟲穴般的家庭，怎麼會沒辦法不傷害眾生呢？而且加害眾生的惡果最終會反撲自己，成爲今生、來世感受無窮痛苦的因。

人類的痛苦與三惡道的痛苦相比，雖然沒有那麼嚴重，不過還是無法離開生、老、病、死苦，這些是最基本的痛苦，其他還有求不得苦、愛別離苦、怨憎會苦、五蘊熾盛苦等。至於阿修羅的痛苦是什麼？他們因為前世嫉妒別人的關係而投生為阿修羅，日日與天人作戰，但是因為天人生來就具有極大的福報，如被刀砍傷，擦上甘露立即就會恢復如初等，故阿修羅經常慘遭失敗，數萬具的屍體從須彌山落入遊戲海中，染紅了海水。

天人則是因為過得非常悠哉快樂，沒有什麼出離心，更遑論菩提心了，雖然壽命很長，但不知不覺中時間就過去了，等到五種死相⑭現前時，由於具有神通知道自己即將轉世於何處，但因為臨死前的痛苦尚未消除，又加上看到轉世去處的痛苦，使痛苦加倍，這樣的情形持續七天，相當於人間的七百年之久，故他們的痛苦超越地獄的痛苦。總之「悉除一

⑭一、身光暗滅；二、不樂本座；三、花鬘枯萎；四、天衣染垢；五、身現汗水。

切惡道苦」，如《念住經》云：「地獄有情受獄火，餓鬼感受飢餓苦，旁生感受互食苦，人間感受短命苦，非天感受爭鬥苦，天境感受放逸苦。」故願六道眾生的痛苦能夠完全滅除。

「等與一切群生樂」中的「等與」是平等給予，即平等地安置一切眾生於安樂中。安樂可分為暫時的安樂與究竟的安樂二種，暫時的安樂是指人天的安樂，因為人天在六道中是比較有福報的，究竟的安樂則是讓眾生成佛。「如是經於剎塵劫，十方利益恆無盡。」去除惡趣眾生的痛苦並使眾生置於安樂，所用的時間不是一、二天而已，而是經過一切剎土所有微塵數量的劫數，即每一剎土有多少微塵就有多少劫，這樣一劫一劫的來算，時間長到不可思議，而且不是僅利益某方剎土的眾生就好，而是十方剎土的一切眾生，依照各個根器來利益他們，逐漸引導至大菩提。

這個願也是很殊勝、很重要的願，龍樹菩薩也說：「雖無力利他，彼意樂恆行，何者具彼心，彼實行利他。」有些人說自己做不到的事不可以隨便發願，做得到才能發願，其實並不是這樣，雖然自己現在做不到，但是若能不斷發願，總有一天一定能夠實踐所發的願。《寶積經》云：「諸法依緣生，住於意樂上，何者發何願，將獲如是果。」一切法依賴於意樂，意樂就是心，此心發了善願，有了願力之後，加上佛菩薩的加持力、法的眞諦力以及自己的虔誠力等因緣匯集，所發的願一定會成就。揚唐仁波切也說過，對自己周遭的親友或不認識的人，財物或精神上能幫忙的就盡量去幫，不然就爲他發願，如願他早日脫離病苦、煩惱等，並爲他念誦佛經如《金剛經》〈普賢行願品〉，總之，就是盡量利益一切的眾生。

五、披甲精進願

我常隨順諸眾生，盡於未來一切劫，
恆修普賢廣大行，圓滿無上大菩提。

〔概要〕祈願爲了證得圓滿無上菩提，自己披著勤修圓滿二資糧的廣大精進盔甲，爲成熟一切有情的相續而通曉有情的種種根器，需以在家相調伏者即現在家相，需以出家相調伏者即現出家相，需以聲聞相調伏者即現聲聞相等，恆常如此隨順眾生並傳授普賢廣大行。如是自己圓滿廣大行、證得利益眾生的力量以及傳授佛法等，不僅是短時間內付諸實行而已，而是直至盡未來一切劫，無有任何疲倦地成辦自他的利益，然後證得圓滿無上大菩提。

「披甲」就是披著盔甲的意思，猶如戰士穿上盔甲赴戰場殺敵，故從現在起，我爲了擔負利益眾生的責任而實修六度萬行，絕不退怯，稱爲披甲精進。此處發的願是什麼？就是爲了證得無上菩提而披上盔甲，盔甲指的是圓滿福、慧二資糧，如月稱論師說：「功德皆隨精進行，福慧二種資糧因。」根據《經莊嚴論》講述福、慧二資糧的差別，布施、持戒是福資糧，第六度的智慧波羅蜜多是慧資糧，忍辱、精進、禪定則是此二資糧的助緣。或者說，福德資糧是指從布施到禪定之間的五度，智慧資糧是指智慧度。還有其他的分類方法，不過大致如前述了解即可。

爲了令眾生相續成熟，首先要瞭解一切有情的根器，否則無法調伏。若欲調伏眾生要先隨順眾生，比如你今天想調伏某人，就直接傳講最殊勝的中觀空性，但是對方能夠完全接受嗎？之前講過阿底峽尊者講經的故事，他第一次講經，那些聲聞比丘聽得法喜充滿，後來開示法無我的時候，他們根本聽不下去。所以爲了瞭解眾生的根器，要先隨順他們，然後再來調伏他們。

「隨順」和「隨緣」不一樣，有些人說他喜歡喝酒，你就跟著他去喝酒，那不是隨順，而是同流合汙。隨順的意思是譬如他比較喜歡布施，你就跟他去布施並讚嘆布施，告訴他布施的功德有多大，等到和他熟悉之後，告訴他布施雖然很好，但是持戒的功德更殊勝，引導他持戒；等到他持戒之後，再告訴他持戒當然很好，但忍辱的功德更了不起……。如此這般，一步步引導眾生進入菩提大道才是隨順眾生，千萬不可同流合汙。

如果眾生喜歡放生，你就告訴他放生很好，然後跟著他去放生，或者需以在家相調伏者即現在家相，需以出家相來調伏者即現出家相，如是顯現各種佛、菩薩、聲聞、緣覺、帝釋、梵天、仙人、轉輪聖王、僕人等等的相來攝受眾生。將自己瞭解、領悟的菩薩道的修法告訴眾生，可圓滿自己的福慧資糧是爲自利，得到利益他人的能力後行利他事業是爲他利，爲眾生講法不僅利益自己也利益他人是自他二利，以此三種利益來攝受眾生的時間有多久？不是幾十年或只有這一生而已，而是直至未來一切劫都窮盡爲止。

「恆修普賢廣大行」，這裡的「普賢」可說是菩薩的意思，未來將不斷行持菩薩行中的各種利益，即永遠修持普賢廣大的行爲，無有絲毫厭倦地利益一切有情，最終能夠圓滿無上大菩提——正等正覺的佛果位。譬如有些人聽到高僧說持誦《金剛經》十分殊勝，可以消除許多業障，於是就很熱切、努力地念誦《金剛經》，但是久而久之，感覺慢慢淡了，失去最初的熱誠；或聽上師說照顧病人的功德很大，有些人馬上跑去照顧病人或獨居老人，一、二次還可以，長期下來逐漸產生倦怠感，開始抱怨雖然功德很大，但是很累、很辛苦，不想再照顧這些病人了。而此處提到「恆修」，就是需要無有厭倦心、持之以恆地一直做利益眾生的事情，當我們生起疲累時，也可以閱讀德蕾莎修女或新加坡許哲居士等等的故事，學習這些世間菩薩的精神。

六、不離道友願

所有與我同行者，於一切處同集會，
身口意業皆同等，一切行願同修學。

〔概要〕祈願我生生世世行菩薩道時，永不遠離所有與我同行的菩薩道友，一切處所皆能作伴，彼此身、口、意的一切業亦皆同修普賢行，齊發廣大行願。

自己行菩薩道時與我同行的道友，好比以文殊菩薩、觀世音菩薩、地藏王菩薩等為道友，把菩薩當作道友好像把自己抬舉得太高，但不要忘記我們已經皈依，就要把佛陀當作導師，佛所說的法是應當行走的道路，跟隨佛陀的菩薩都是我們的友伴，願能永遠不離這些菩薩道友，自己的身口意業皆與菩薩相同，同樣發普賢行願。一般而言，行菩薩道時與我同行的道友範圍很廣，無論是藏傳、南傳或是漢傳的佛教徒，只要是依止正信的佛法都是道友。因此，我們不能隨意誹謗任何一位道友，尤其是同一傳承、一起灌頂、聽課等等的道友，更要彼此互相珍惜，所以發願與諸道友於一切時處都能經常齊聚、同行菩薩道、同發菩薩願。

「身口意業皆同等」，對統領大眾或護持道場而言非常重要，例如目前社會上成立很多的佛學中心、讀書會、社團、基金會、慈善團體等，後來因爲見解、想法互不相容而產生矛盾，最後解散的也不少，所以很多人去了道場之後，看到種種不睦的現象，就覺得倒不如自己在家修行，或是聽聽電視裡的講經節目就好。

然而巴楚仁波切講過，就算自己在家裡念誦很多遍的經、咒，仍比不上共修的力量，因爲大眾共修的力量如同猛烈的大火，各人自修的力量僅如星火一般，力量非常微弱。所以如果因爲與人不睦而自己在家修行，這也不是辦法，還是要去面對問題，學習與眾人和睦相處，這樣才會快樂，整個團體的氣氛就會和樂融融。有些道場一進去就感覺很融洽，讓初來乍到的人認爲這是他所需要的地方而願意留下學習，如此才能度人度己。否則若讓人感覺到氣氛尷尬、不協調而默然離去，這樣就沒有機會接引眾生聽課、從佛法獲益，這是最大的障礙。

要如何與人和睦相處呢？釋迦牟尼佛在《仁王經》中講到「六和敬」⓯，任何團體若能遵守六和敬自然能夠相處融洽，而「身口意業皆同等，一切行願同修學。」的內容也可說是六和敬：

一、**身和同住**：身和就是處於同一個信仰的道場或是家庭，彼此之間要互相尊重、和氣相處，則無論是佛法、事業或家庭都會興旺，即俗話說的「家和萬事興」。

⓯ 一、身和敬，同禮拜等之身業也。二、口和敬，同讚詠等之口業也。三、意和敬，同信心等之意業也。四、戒和敬，同戒法也。五、見和敬，同空等之見解也。六、利和敬，同衣食等之利也。或名行和敬，同修行也。或名學和敬，與行和敬言別意同。或名施和敬，同布施之行法也。舊譯《仁王經下》曰：「住在佛家修六和敬，所謂三業、同戒、同見、同學。」

二、**口和無諍**：僅與道友一同念佛、討論佛經，其他的是是非非一概不論，如此就不會產生爭辯，否則他講一句、你講兩句，互不相讓，則無論大道場、小道場，皆因他們爭吵不休的緣故，使道場不平靜，嚴重來講這樣的行爲等同破和合僧，不但氣氛糟糕，學習的效果也不好，所以口和非常重要。然而每個人的想法、觀點不一定一樣，所以有些時候「禁語」也是個不錯的辦法，也許你有一些看法，不過如果不是很重要，就安靜下來不要說，對於別人說的話聽聽就好，如此就不會產生不合的氣氛；家裡也是一樣，父母等長輩說話，做晚輩的不要馬上頂嘴，而是要先反省自己，如《弟子規》所教導的「父母教，須敬聽；父母責，須順承」，如此一來，就不會產生爭執。

三、**意和同悅**：我們來道場的目的就是爲了聞思修，因爲想法一致所以法喜充滿，比如上師給我們阿彌陀佛的灌頂，教導往生西方極樂的方法，大家聽後都非常歡喜，所有道友皆一同努力修學，這就是「意和同悅」。一般夫妻之間也需要目標一致，就是上敬公婆、下養子女，共同維護好家庭，如此家家戶戶都會和樂融融。倘若道友間彼此想法不一，可以面對面直接溝通，應如何溝通？來道場的人都是爲了尋求解脫，故要按照佛法的道理去溝通。

曾經有位上師說過，不論任何人，即使是敵人，只要用慈悲心與其談話，最終一定會成爲朋友。爲什麼這上師會有這樣的能力？不是用神通，而是用佛法來化解兩人之間的矛盾，這很重要。其實沒有什麼合或不合的，只是溝通的問題而已。「人之初，性本善」，人的本性都是善良的，只是溝通的方式有些差異而產生誤會，沒有一個人是無法溝通的。什麼是「人」？能言、解義就是人的定義，既然能說、能解，當然就可以溝通。總之，「意和同悅」，因爲意見相合所以快樂。

四、見和同解：見解、主張一致，如中觀宗派的見解就是顯空無二。一般而言，如法鼓山和佛光山等道場都有主要強調的主張、看法和宗旨。而我們佛學會的主張是聞思修，強調先努力聽聞佛法，然後深入思考，最後一定要實修。所以，在此佛學會學習的人的見解都要相同，就是聞思修。

五、戒和同修：就是大家都要遵守同樣的規定。每個道場都會有一些規定，無論身分高低都要遵守，尤其最重要的就是守護戒律，無論是受出家戒或在家戒都必須遵守，就像五明佛學院的任何人，只要誰犯了根本戒，就不准住在佛學院，必須離開。

六、利和同均：是說道場裡的衣食、用品等，每個人都要分配得完全一樣，有些道場對於施主的待遇會隨著供養的多寡而不同，如果沒有供養那麼多，待遇也比較不好，這樣是不對的。無論是富人、窮人，供養很多或很少，都應一律平等對待，要統領大眾就必須一視同仁。五明佛學院尊貴的慈誠羅珠堪布、索達吉堪布已經在佛學院教書多年，但是他們與新進來的人一起平起平坐，沒有高低之別，每個道場都要如此，這非常重要，不要有特別待遇，這也是佛陀在《仁王經》裡所說的教誨。

其實不光是道場需要六和敬，家裡若也能遵守六和敬的話會非常好。常說「家和萬事興」，的確是這樣，如果家裡夫妻倆不和，或是孩子與父母之間不合，那氣氛就很糟糕，一點都不快樂，慢慢地家就不像一個家。一般社會團體、公司團體行六和敬的話，員工因爲受到重視而認眞工作，事業就會興盛，所以和合的力量非常大，無論是道場、社會團體或是家庭都要以六和敬來對待彼此。

生命是短暫的，在這短短的幾十年與人和睦相處、互相珍惜、快快樂樂地過一生，至爲重要。否則如全知龍欽巴（無垢光）尊者說：「夫妻親屬欲恆時，不離相伴然定離；賢妙住所欲恆時，不離安住然定去；暇滿人身欲恆時，不離常有然定死；賢德上師欲恆時，不離聞法然定離；殊勝善友欲恆時，不離相伴然定離。從今披著精進甲，應至無離大樂洲。」

總之，念這一偈時，應當發願：生生世世不要遠離道友，一同行菩薩道，一同發普賢行願，一同證得菩提。

七、依善知識願

所有益我善知識，為我顯示普賢行，
常願與我同集會，於我常生歡喜心。

〔概要〕祈願以大悲正法來利益我的所有善知識——從輪迴、小乘當中救護我，並賜予大乘的安樂以及傳授普賢廣大行，在我未證菩提之間能與諸善知識恆常相聚，而且連一剎那都不會使善知識生起厭煩之心，並以意樂、加行二者令善知識常生歡喜心。

無論是顯宗重要的經論如《華嚴經》等，或是續部的諸典籍中，「依止善知識」是十分受到重視的修行課題。爲何善知識如此重要？因爲善知識是成佛的引導者，沒有一位佛是在未依止善知識的情況下成佛的。想要前往一處從未去過的地方，需有曾經來過此地的人作嚮導，俗話說：「欲知山中路，須問過來人。」同理，善知識就是解脫道上的引導者。

想要學佛修行很難，尤其是現今的凡夫眾生，非常容易受到環境影響、誘惑而走偏，但是若能遇到具德的善知識，受其功德的薰陶，自然會漸漸向善。智悲光尊者在《功德藏》中云：「如瑪拉雅樹林中，漂落普通一節木，枝葉滋潤出妙香，依止上師亦隨行。」在印度的瑪拉雅山區遍布旃檀樹，四處彌漫著檀木的香氣，如果有一平常的木頭掉落此處，長年受到此香的薰染後，也同樣會飄散著檀木的香味。同理，一般凡夫眾生只要依止具相的善知識，自然而然也會展現如善知識一樣的想法與行為。

《大圓滿前行》中關於依止上師的次第分三：首先觀察上師，中間依止上師，最後修學上師的意行，如《功德藏》云：「首先善巧觀察師，中間善巧依止師，最後善巧學意行，此人必將趨正道。」首先要如何觀察上師呢？許多經典都提到善知識必須具備的條件，如《入行論》云：「捨命亦不離，善巧大乘義，安住淨律儀，珍貴善知識。」其中提到最重要的條件有三種：一、上師的戒律是否清淨，包括別解脫戒有無破損、內心是否持菩薩戒、密乘的三昧耶戒等。二、善知識要通達經論與續部教法，否則難以教導弟子。

三、具足慈悲心或菩提心是最根本的條件，尤其善知識最重要的條件就是具有慈悲心，如果缺乏慈悲菩提心，就算其他條件都具足，也不算是具格的善知識，故巴楚仁波切說：「觀察上師的一切要點，可以攝於觀察具不具有菩提心這一條件中。」

其次是中間依止上師，如《華嚴經》云：「善男子，汝應將自己作病患想，法作妙藥想，善知識作明醫想，精進修持作醫病想。」即以此四想來依止善知識。最後是修學上師的意行：即弟子自己的身口意都仿效善知識，隨學上師的一切行為與修行，最後要具足善知識相續中的所有功德。

「所有益我善知識」，為何要強調「所有」？即不論自己的上師或金剛道友，所有基於內心的慈悲幫助我獲得佛法上的利益，而不是一般生活上的利益，重點是能夠指引修行，或在我們對佛法生起退心、墮入邪見時，適時拉住我們的人都是善知識。

「為我顯示普賢行」，顯示是指導我們更加瞭解普賢廣大行願等，包括所有佛菩薩的心和行為。「常願與我同集會」，希望在我們成佛之前能經常得遇善知識，遇到之後與善知識不分離，特別是從輪迴或小乘當中救護我並指引大乘佛法的善知識。如此發願非常重要，因爲在末法時代，符合經、續裡上師條件的善知識實在非常稀有，不容易遇到，即使有幸得見，相處的時間也很短暫。此處「集會」就是見面的意思，因爲是凡夫的緣故，若不能與善知識常見面，修行就很容易退轉。

「於我常生歡喜心」，希望如此這般殊勝的善知識，對於我以如法修行的意樂與加行等作爲法的供養，能恆常生起歡喜心。此句藏文的意思有希望連一剎那也不要讓善知識不歡喜、生起厭煩心，誠如有一位弟子曾請求上師晉美彭措法王撰寫自傳，法王回答：「我沒有什麼傳記可寫的，但有一點，凡是我所依止過的上師，從未做過令他們不歡喜的事，對任何一位上師都是恭恭敬敬、謹遵師訓，這是我一生中唯一的傳記。」所以令善知識不悅是很大的惡業，相反地，令善知識生起歡喜則有不可思議的功德。

八、現前供佛願

願常面見諸如來，及諸佛子眾圍繞，
於彼皆興廣大供，盡未來劫無疲厭。

〔概要〕祈願能恆常以清淨眼親見被眾佛子（菩薩）圍繞的眾生怙主——十方諸如來，非僅是短時間見到或供養，而是盡未來一切劫，以遍滿虛空界的殊勝供品，無有任何疲厭且恆常歡喜地親自對每位諸佛菩薩行廣大供養。

「願常面見諸如來，及諸佛子眾圍繞」，是願自己能恆常親眼見到被眾菩薩圍繞的諸佛，並且以歡喜心行廣大供養。如果我們的罪障尚未清淨或業障深重，即使諸佛菩薩近在眼前也無法看見，如同無著菩薩的故事，他修了十二年的彌勒成就法，卻從未親見彌勒本尊，後來他見到一隻由彌勒菩薩所化現的下半身殘廢並布滿蛆的母狗，因為對牠生起了無造作的大悲心，才得以看見彌勒菩薩。

無著對彌勒菩薩說：「您的悲心實在微弱，從未向我示現尊容。」彌勒菩薩回答：「不是我不露面，實際上我與你從未分離，只因你罪障深重，所以看不見我……」《華嚴經》亦云：「若得見於佛，除滅一切苦，能入諸如來，大智之境界。若得見於佛，捨離一切障，長養無盡善，成就菩提道。」所以要發願，希望自己的罪障能夠清淨，常見諸佛與圍繞身旁的眾佛子（即菩薩）。

「於彼皆興廣大供」，彼是指供養的對境、殊勝的福田，即被眾菩薩圍繞的每一尊佛，與圍繞諸佛的每一尊菩薩。接著強調的是供品，不是只有一點點的供品，而是興起廣大的眞實供養和意幻供養等，使一切虛空遍滿如此勝妙的供品，如《極樂願文》云：「吾身受用及善根，一切眞實之供品，意幻七寶瑞相物，本成三千世界中，十億日月洲須彌，天人龍之諸受用。」

「盡未來劫無疲厭」指的是供養的時間與心態。不僅僅是一時的供養而已，而是盡未來所有諸劫不間斷地對諸佛海會獻上最殊勝的供養，如此恆長久遠的時間，連一剎那也不會厭倦，以極歡喜的心來供養。

九、護持正法願

> 願持諸佛微妙法，光顯一切菩提行，
> 究竟清淨普賢道，盡未來劫常修習。

〔**概要**〕祈願以不忘總持來護持諸佛的微妙教法（三藏十二部經典），將無上菩提行的大乘教法傳授給一切有情，使教法發揚光大，令自他一切有情的相續中生起大乘的證法——普賢道（戒定慧等），並藉由清淨違緣和增長順緣，於盡未來諸劫中恆常修習普賢道。

「願持諸佛微妙法」，發願護持諸佛微妙、殊勝的正法，如《俱舍論》云：「佛正法有二，謂教證為體。」其中教法指的是三藏十二部經，證法是戒定慧等一切菩薩行，即發願要護持如此殊勝的正法。應如何護持？法王如意寶晉美彭措曾說：「聞思修是佛法的精華。」所以無論是出家人或在家人都應加入聞思修的行列，以聞思修令佛法永續不斷。俗話說「國家興亡，匹夫有責」，同樣地，所有佛教徒都有責任護持教法，正如《極樂願文大疏》中云：

佛教之根本即是講、聞、修。因此，乃至在家男女居士，不能講法之人應當負起聞法的責任，能夠講法者應當擔負起講經說法的重任。從前，一頭獅子殺了一隻野豬，隨後來了一隻狐狸想吃剩下的肉。獅子對牠說：「你背上豬的屍體！」因身單力薄，狐狸不願意背，暗想：「如果直說了，獅子定會發怒殺死我，不行！」所以不敢拒絕。但又一想：這頭獅子孤高傲慢，又是愚笨者，可以欺騙牠。便說：「我既要背屍體又要叫喊，不能同時做兩件事呀，因此你理應做其中一件。」因獅子愚笨不知狐狸在騙牠，又因孤高自傲不願意叫喊，於是說道：「那麼，兩件事中我背屍體吧。」獅子背上野豬的屍體（走在前面），狐狸跟在後面叫喊助威。

與此相同，若有如獅子般的補特伽羅講經說法，則其他人應當聽聞，哪怕隨聲附和說一句讚嘆語，也將吉祥圓滿、成辦諸事。同樣，佛法也依賴於所有的人。我們僅僅聽聞一兩次佛法不應滿足，必須反反覆覆地聽受。世間也有「大海於水不厭足，智者於法不厭足」的諺語[16]。我們可以看到世人不知滿足地積累無有實義的財食，正法乃是今生來世一切安樂之根本，怎麼能對此有滿足之心呢？譬如，荒蕪的田地，只降下一次雨水不能夠徹底濕潤。同樣，對於我們無始以來便以不善業乾涸了的頑固相續，僅聽聞一次佛法是難以調伏的。所以，除了聾人、啞人之外，具足知言解義這般人具法相者，若再三聞法則定能懂得少許法義。如薩迦班智達說：「倘若囑咐又催促，雖是旁生亦能知。」

聽聞佛法後必須結合自相續而實修。

「持」也有強調聽聞過的法不會隔天就忘的意思，應仿效菩薩和阿羅漢在佛陀開示後即能倒背如流。「光顯一切菩提行」，是將大乘教法中原本深奧隱晦的部分更加清楚地傳示於人，令世人一步一步地趨入佛菩薩的境界。「究竟清淨普賢道」是指使大乘戒定慧等普賢道的證法在自他相續中生起。「清淨」是淨化的意思，即淨化自相續中障礙戒定慧生起的違緣，並增長普賢道的順緣。

「盡未來劫常修習」，如同前一偈頌強調供養的時間是恆常久遠的，此處也是，乃至盡未來所有諸劫，我都要護持正法，且毫無疲厭地修行普賢道。《勝鬘師子吼一乘大方便方廣經》中說：「爾時勝鬘復於佛前發三大願，而作是言：『以此實願安隱無量無邊眾

⑯《格言寶藏論》云：「大海不厭江河多，國庫不厭珠寶多，欲者不厭受用多，學者不厭格言多。」

生，以此善根於一切生得正法智，是名第一大願；我得正法智已，以無厭心爲眾生說，是名第二大願；我於攝受正法捨身、命、財，護持正法，是名第三大願。』爾時，世尊即記勝鬘三大誓願，如一切色悉入空界，如是菩薩恆沙諸願，皆悉入此三大願中，此三願者眞實廣大。」又說：「菩薩所有恆沙諸願，一切皆入一大願中，所謂攝受正法。攝受正法，眞爲大願。」因此，如上所說，佛子如恆河沙般的願望，皆可歸納於護持正法願中。故而《宗喀巴大師傳》亦云：「佛子願如恆河沙，佛說皆攝持正法……。」所以我們應常發宏願：願我生生世世都能護持正法。所有菩薩的願即歸攝其中，這至關重要。

十、獲功德藏願

我於一切諸有中，所修福智恆無盡，
定慧方便及解脫，獲諸無盡功德藏。

〔概要〕祈願我因爲業、願、禪定、自在力之故，在三界輪迴中爲了度化眾生而一生接著一生地流轉時，能夠恆常獲得無盡的成佛之因——布施等福資糧，及遠離一切妄念戲論之慧資糧；透過智慧中的方便——因小果大或以微小資糧來成辦大利，圓滿自他之利益；盡所有智及如所有智的辨法智慧；專住一緣之禪定，以及虛空藏、無垢手印等無量禪定；從煩惱障、所知障、下劣障中獲得解脫。願自己能成爲上述一切無盡功德之寶藏。

「我於一切諸有中」，這裡的「諸有」指的是輪迴，「有」是指三有：欲界、色界、無色界。可是爲何不講「三有」而說「諸有」？因爲強調一世又一世，在無限的下一世中輪迴，所以稱爲諸有。我等一切眾生由於業力所感而在輪迴中漂泊，除了業力之外，出現在輪迴中的第二種可能是因爲願力，即非凡夫的眾菩薩發願至三有輪迴度脫眾生，例如龍樹菩薩在《寶鬘論》中提到，登地菩薩並非因爲業力而是依願力才會來到三有。此外，菩薩也可透過禪定、佛可運用十力中的自在力來到人間。總而言之，不論是因業力、願力、禪定、自在力，都要發願爲了度化眾生而進入三有輪迴。

「所修福智恆無盡」，證得佛果位一定要有前因，亦即成佛的因，簡單來說，就是福德資糧與智慧資糧都臻至圓滿的境界。福德資糧爲獲得色身即化身與報身的因，智慧資糧爲獲得法身的因。《入菩薩行》和《佛子行三十七頌》等註釋中，闡述福德資糧是以布施、持戒、忍辱、精進及禪定爲主的善根，智慧資糧是以般若智慧（遠離一切戲論的智慧）爲主的善根。「恆無盡」是永遠都不要窮盡，也就是不斷地增長。此句在藏文中多了「獲得」的意思，強調獲得永不窮盡的福慧資糧。

「定慧方便及解脫」中的「定」爲禪定，亦即一心不亂地安住於等持、離戲論之中；「慧」爲分辨、抉擇法的智慧；「方便」是指投入一點點即有很大的果報，例如我們每日持誦一遍〈普賢行願品〉，因爲很多人參與共修的緣故，所獲功德也將倍增。解脫是指從煩惱等禪定的障礙中獲得解脫，如《智者啓蒙》中所述的八種解脫，也就是八種禪定。「獲諸無盡功德藏」，透過前述禪定、智慧、方便與解脫產生的無窮無盡的功德寶藏，祈願自己能成爲此寶藏的擁有者，然後可以輕而易舉地利益一切眾生。

十一、趣入行境願：分爲八願

1.親見佛與刹土願

一塵中有塵數刹，一一刹有難思佛，
一一佛處衆會中，我見恆演菩提行。
普盡十方諸刹海，一一毛端三世海，
佛海及與國土海，我遍修行經劫海。

〔概要〕一微塵之中具有等同十方一切微塵數量的佛刹土；又每一佛刹的每一塵中，皆有不可思議的佛安住在菩薩衆眷屬中，祈願我能完全目睹。我以彼等爲伴，爲證得無上菩提故，同持菩提行，並清楚觀瞻諸佛佛身、聽聞佛語。一塵之中具有一切的佛刹土，十方所有微塵亦復如是，僅一毛端中就包含過去、現在、未來諸佛，猶如大海一般數量無盡。諸佛之剎土亦如大海般無盡，願我能趣入每一佛剎土，在如海一般的無量劫中行持菩提行、親自瞻仰諸佛尊顏。

「一塵中有塵數剎」，一微塵中富含十方所有微塵數量的佛剎土，而且每一剎土都不會互相混淆。「一一剎有難思佛」，每一剎土中都有數量多到不可思議的諸佛。「一一佛處眾會中」，每一尊佛身旁都有眾多菩薩眷屬圍繞著。「我見恆演菩提行」，願我能夠親自前往剎土瞻仰諸佛、聽聞法語並實修菩提行。此願的目的在於發起廣大願，因爲如此這般的自相續已經超越初地菩薩的境界了，只有達到八地菩薩的禪定境界時，才可將三千大千佛世界融入一微塵中，就像密勒日巴鑽進牛角時，他的身體沒有變小，牛角也沒有變大，二者卻可以圓滿融合。

「普盡十方諸剎海」，海是用來比喻數量很多、無法數盡的意思，即前述的十方諸佛剎土願我都能全部前往。「一一毛端三世海」，即使如同髮端的極其微小之處，也都擁有過去、現在、未來三世數也數不清的諸佛。「佛海及與國土海」，願我能親自至每一尊佛前聆聽佛法，也能趨入不可勝數的佛剎土。「我遍修行經劫海」，願我生生世世經過如海般無法數盡的時間劫，遍入諸佛剎土來修持菩提行。

如此不可思議的境界一般人很難想像。若以比喻來說，在房間睡覺時夢到房裡出現許多大象，或在廣闊的森林中漫步遊走，醒來之後心中仍能憶起夢中的種種；還有庭院中的水盆可顯現空中星、月、山巒的倒影，因此從心裡或緣起所顯現的任何現象，無有不合理，何況瑜伽行者的力量難以思議，故應誠信。

《佛說如來不思議祕密大乘經》提到四種不可思議：禪定、業力、龍、佛。禪定的力量可以把水變成火，火變成水；僅供養少許物品給修慈三昧、剛出關的修行者，此善業果報之大不可思議，反之，如果傷害這樣的修行人，惡業的果報之大同樣也是不可思議，其他龍的神通與佛的力量就更不用說了。此處親見佛與剎土願，要到八地以上的菩薩才能入此境界，十地以上就達到究竟圓滿了。

2. 趣入佛語願

一切如來語清淨，一言具眾音聲海，

隨諸眾生意樂音，一一流佛辯才海。

〔概要〕佛說一句話就具足諸佛的一切妙音，無量妙音猶如大海，因以無量的義、詞、語、音詮說故；也具備一切如來語音的體性——遠離一切過患、清淨，並隨著眾生意欲聽聞的法、應以何法調伏，便以各種語言來宣說且辯才無礙。祈願我能恆常聽聞佛語並思惟其義。

「一切如來語清淨」，為何語清淨？因為遠離一切語言的障礙，毫無過失，猶如《智者啓蒙》中的六十種妙音。「一言具眾音聲海」，佛講一句法語即具足各種眾生的語言，如人語、鬼語、龍語等，即之前講過的「天龍夜叉鳩槃茶，乃至人與非人等」。不過，音聲海的境界不只是聲音而已，佛說一句法，各個眾生依據各自的根基、領悟力而有各種的體悟和理解，誠如龍樹菩薩於《普賢行願大王會疏》提到：「於諸眾眷屬，各種信解中，宣說一句法，領悟有諸義，言為吾宣說，諸眾各自悟，無比極稀奇，無比極奇妙。」以及陳那論師於《普賢行願義攝》云：「諸多眷屬眾，因諸種信心，佛僅言一句，領悟諸多義。」《讚雲海》云：「如是六十四妙音，無有一言不攝此，乃至虛空世界盡，具緣諸眾恆聽聞。」例如，佛說一句「諸行無常」，修無常根器者就能理解無常的道理；修空性根器者就能立刻理解空性；修大圓滿根器者，就能將諸行無常理解為甚深的大圓滿，凡是在場聽聞佛陀說法的人，均會認為佛陀是為我而說的。

因此接著「隨諸眾生意樂音，一一流佛辯才海」，隨著眾生的意樂而顯現的佛音，每一句佛語都由佛無窮無盡的辯才海藏中流出，既能滿足眾生聞法的意願又能斷除眾生的疑惑，具足這般功德的佛音，願我能恆常聽聞並思惟其義。此處藏文版的字義中有發願傾聽與進入佛語的意思，即每位眾生不但以為佛是針對自己的根器而說法，甚至也能不可思議地理解其他眾生所領悟的佛法。九地菩薩才可成就此境界，十地以上的菩薩才能達到究竟圓滿的地步。總而言之，此句也可簡單推論爲：願在某位佛面前聽聞佛法時，同時也能在其他無數的佛前聽聞佛法，而且互不干擾。一般凡夫因爲有分別念，和他人說話時無法分心與另一人說話，可見這是非常不可思議的境界！

3. 趣入轉法輪願

三世一切諸如來，於彼無盡語言海，
恆轉理趣妙法輪，我深智力普能入。

〔概要〕三世諸佛如來爲度化一切有情而轉法輪，將所宣說的法轉入眾生的相續中。對各種不同根器的有情，以三種神變等種種方便來廣轉法輪，令我對諸佛無盡的妙法語獲得正確領悟的智力，並一同趣入佛的語事業——轉妙法輪的語言海中。

「三世一切如來，於彼無盡語言海。」三世一切諸佛爲度化無邊眾生，以無窮無盡的語言來利益眾生。「恆轉理趣妙法輪」，像車輪一樣驅動為「轉」，對諸有情開示為「法」，聽者相續中有所領悟故名為「輪」。也就是說，轉法輪是指如來將所證悟的法對眾生宣說，像輪子一樣滾轉到眾生心裡。

佛恆常以各種語言對各種根器的眾生宣說相應的法門，如根巴堪布在《入菩薩行釋》中提到，佛陀以身、口、意三種神變來說法：「身神變」如佛陀傳法時從白毫放光，徹照三千大千世界，使未被攝受的眾生得到攝持，再以廣長舌相遍覆三千大千世界，讓已攝受的眾生產生歡喜心和信心，原本不相信因果的人，自然而然就會相信因果；「語神變」即佛以六十種妙音廣、略暢演諸法，使各趣眾生皆能完全了達；「意神變」即佛智洞察一切眾生不同的根基意樂，順應不同所化而宣講不同的法門。

「我深智力普能入」，願我經由諸佛的種種妙語而獲得甚深智慧，並能遍入諸佛語的事業，轉妙法輪。總之，前一偈頌強調佛法的聽聞與理解，這一偈頌強調獲得佛的語事業。

4. 趣入諸劫願

我能深入於未來，盡一切劫為一念，
三世所有一切劫，為一念際我皆入。

〔概要〕祈願遍及未來一切劫的時間和盡虛空界處的一切諸法，我能於剎那間以智慧或神通深入了知，如同佛智。如是三世一切劫所含攝的一切法，我於剎那間能遍入了知。或是將三世諸劫的時間轉換爲一剎那，或是將一剎那轉爲自己所欲的時間，藉由這般自在轉換的能力，無礙地趨入一切劫、行菩提道。

這一偈頌是趣入行境願中的深入諸劫願，即進入一切劫中。「我能深入於未來」，即未來一切劫中的所有剎土，每一剎土皆有佛，佛的身邊又有眾多的菩薩眷屬等，願我能深入每一佛剎土，如同佛陀以自身的智慧，剎那間即能完全進入未來一切劫；同樣地，願我也能透過智慧深入未來一切劫。其實這句是連著下一句的「盡一切劫」，盡一切劫有遍滿的意思，遍滿未來一切劫，以什麼遍滿？就是智慧。「爲一念」如佛陀透過自己的智慧深入未來一切劫，不需費時許久，剎那間就可以進入一切劫。所以我也發願能如同佛陀一樣，無論是事物也好、剎土也罷，用智慧完全進入未來一切劫。

「三世所有一切劫」就是過去、現在、未來三世一切劫，像遍入未來一切劫那樣，一念之間都能遍入。這裡的一念就是時邊際剎那，因爲我們的念頭很多、很快，《俱舍論》說一位勇士使用銳利的針，剎那之間可刺穿六十片堆疊的薄葉，因此，其中的六十分之一的時間即爲「時邊際剎那」，極爲短暫。佛陀於此一剎那中，對普天下現在、過去、未來所有眾生的念頭一清二楚，佛的境界是多麼不可思議！

由於佛、菩薩能以智慧於剎那間遍入三世所有剎土，所以不要以爲沒人看見就可以做壞事，或在別人面前故意行善，這是不對的。如《本生傳》中說：「縱然未見中造罪，亦如服毒豈安樂，天眾以及瑜伽士，清淨之眼定現見。」而且當自己做壞事、行惡業的時候，其實自己心裡也不舒服、不快樂，理由是什麼？因爲像吃了毒藥一樣，對於毒性什麼時候發作，心裡有沉重的罣礙，因此當自己造了惡業，應誠心誠意地懺悔，想盡辦法彌補。如果是行善業，無論別人是否看見，都要好好迴向給一切眾生，這相當重要。

「爲一念際我皆入」，即將三世一切劫轉爲一剎那，或一剎那轉爲三世一切劫，這是禪定的能力、佛的境界。在這樣的境界中，一念（即一剎那）與三世所有一切劫完全圓融，如《定解寶燈論》云：「見一塵中塵數剎，剎那亦能現數劫，依實空幻之定解，趨至如來行境中。」因此，念此偈頌時，應發願趣入剎那與諸劫平等的境界，以菩提行饒益眾生。

5. 見諸如來願

我於一念見三世，所有一切人師子。

〔概要〕祈願我在極短的一念間，能親睹三世所有一切人師子——諸佛如來及其海會眾眷屬，並且不是短暫時間而已，而是能恆常目睹。

願我能於一念之中見到過去、現在、未來三世一切諸佛。獅子是獸中之王，而佛爲人中之王，故稱佛爲人師（獅）子，乃佛的別名。並且不只是看到諸佛三十二相、八十隨好無比莊嚴的身軀，還有比丘、比丘尼等四眾弟子，以及菩薩、阿羅漢等眾眷屬，全都圍繞著佛陀。一剎那可以看到佛陀或是向佛請法，並且自己在這尊佛面前請法時，同時也可以向其他佛請法，諸佛各說妙法，互不影響、干擾，每一尊佛所說的法，也都能聽得一清二楚。

這些不可思議的境界，就像做夢時，夢裡感覺經歷了很長一段時間，夢中的自己慢慢變老、髮白、齒搖，已到垂暮之年。有些夢很長，有些很短，但是醒來時，這些夢無論長短都沒有差別，如《入行論》云：「夢受百年樂，彼人復甦醒；或受須臾樂，夢已此人覺；覺已此二人，夢樂皆不還。」因爲一切法都是因緣所生、都是空性的緣故，所以一剎那可以成爲過去、現在、未來三世一切劫，反之，一切劫的時間也可以轉變爲一剎那，如果不是空性豈能如此？這些都是等證悟達到佛的境界時，一切都完全一樣、完全平等了，沒有善、惡，沒有佛、沒有眾生。

佛經中有一則關於幻術師的故事：

有一位非常厲害、名氣很大的幻術師叫善月，有一天，他的朋友吉祥告訴善月：「聽說你的幻術十分厲害，今天讓我開開眼界吧！」此時善月倒了兩杯熱茶並輕輕一彈指，剎那間吉祥看見外面來了一位馬販，他看中其中的一匹駿馬，討價還價之後便去試乘，結果馬跑得飛快，連馬轡都無法控制牠，沿途一路狂奔，他害怕摔死所以緊緊抱住馬背，根本不知道去了哪裡。

就這樣，馬跑了一天一夜，最後進入森林裡，馬兒累了，速度也慢了下來，他趁機抓住樹枝，然後一躍而下，但他早已迷失方向，不知道該走哪條路回去，而且又累又餓，此時見到山後有一戶人家生起了炊煙，他便前去乞討。那戶人家只有一位較爲年長的婦人，好心收留他、供他吃喝。吉祥在那裡待了一段時間後，確定自己找不到回去的路，便留下來娶了婦人的女兒共同生活。

時光飛逝，他們生了三個小孩（二子一女），隨著孩子逐漸長大，他也愈來愈老了。有一天，吉祥帶孩子們到河邊玩耍，弟弟一不小心被大水沖走，哥哥爲了救弟弟也跳入水中，吉祥見狀也跳入河中試著救兩個兒子，結果兄弟倆都淹死了，與此同時，岸邊的女兒又被老虎叼走。他的太太因爲傷心過度也跳入水中一命嗚呼，只剩吉祥一人孤苦伶仃，就連飼養的牛隻也都跑了，他實在太痛苦而不斷哭泣。

此時，善月又一彈指，他立即如夢醒般清醒過來，發現自己仍在原地，之前倒的熱茶還冒著白煙，原來剛才經歷的一切，其實只有一剎那的時間而已，猶如白駒過隙。

這故事是譬喻，一剎那變成那麼長的時間看似不可能，其實只是我們沒有達到那樣的境界而已。每個人都曾做夢，當在自己的小房間裡睡覺做夢時，夢裡出現房子、大山、平原、大象、車子、人等，但醒來回到現實生活後，小小的房間根本無法容納夢裡的東西，連一頭大象也裝不下，其他的更不用說了，然而這些都可以出現在夢裡。

修行也是一樣，當心境轉變，整個境界都會改變，「一切唯心造」的原因就是如此，這句話不是指一切法都是由心創造出來，而是一切法都是心的顯現而已，爲境界轉變的原因之一，其他則是藉由因緣以及禪定的功夫來顯現。禪定的功夫不可思議，什麼都能改變，如月稱菩薩曾經從畫中的母牛擠出牛奶供養那爛陀寺的僧眾，也改變了他人執著一切法爲實有的心。因此我們對這些公案要有信心、要完全相信，如果還是懷疑，被執著的心緊緊地束縛就不太好。

要經常思惟一切的顯現確實是如幻如夢，這樣一來執著心將慢慢減少，執著心減少，痛苦也會漸漸地愈來愈少；痛苦減少，快樂就會逐漸增多。所以追根究柢，痛苦的根源就是我們的執著，有了執著心，很多麻煩的問題就會出現。就像醫院裡的患者大多數都很痛苦、都不想死，希望能繼續活下去，然而因爲太執著自己的身體與世間的種種，病情與痛苦就更加嚴重。索達吉堪布在《夢中佛事》中說：「《潛意識的力量》一書中說：如果醫生診斷錯誤，說病人患了癌症或其他絕症，病人很快就會因恐懼而死亡。實際上，說他病情嚴重並不是死亡的主因，但因病人心裡覺得自己已經無藥可救了而產生絕望，就會喪命。相反，如果我們在遇到身患絕症的人時，以語言讓他生起嚮往和勇敢之心，也許還會有救。關於這些問題，西方心理學家和佛教所講的道理，完全可以吻合。」

若是瞭解佛法的道理，則無論生病或痊癒，皆是安樂。如在薩迦地方，有一位格西請問無著賢尊者，出現病痛等不幸時如何轉為道用？無著賢回答：「……得病患病染病喜，能消昔積之惡業……若不患病亦歡喜，身心健康增善行……倘若速死亦歡喜，惡緣尚未作障礙……若能長命亦歡喜，生長體悟之莊稼……無論何時習歡喜。」所以活很久也好，可以多念〈普賢行願品〉，累積很多的善業，但是死了也無妨，就像淘汰舊車換一輛新車，換一個身體再來修行。

有些人說佛法是消極的，其實不是，而是積極地以佛法來解決生命中的各種問題，佛法更是能夠不斷檢視、驗證的眞理。許多高僧大德在死亡來臨時顯得安詳、快樂，因爲他們知道死亡時會顯出哪些境界。在《中陰救度法》中提到，在死亡的第一個階段，若能認出顯現的境界即是自己的本覺，就可以立即成佛；第一個階段若沒認出，在死亡的第二個階段還有機會成就報身佛；若還是不行，在死亡的第三個階段還有機會解脫。

每次死亡都會出現這三個階段，若對這些過程都能瞭若指掌，死亡也就沒什麼好怕的，不會爲此罣礙。現今不斷有新的病名出現，其實這些病很多都只是西方醫學安立的新名詞而已，像在西藏，一個人不快樂，我們會說他的心不快樂，但以現代醫學的病名來說是憂鬱症、躁鬱症等，其實這不是什麼病，只是心不快樂而已。凡夫都有快樂或不快樂的時候，這很平常，不能都說是病，只要凡事能如寂天菩薩所說的：「若事尚可改，云何不歡喜，若已不濟事，憂惱有何益？」以此態度來看待事情，痛苦就不會繼續滋長了。

6. 入佛行境願

亦常入佛境界中，如幻解脫及威力。

〔概要〕祈願以了悟入定、遠離戲論之智，而在後得位視諸事猶如幻化，故從罪障中獲得解脫之威力。以此威力，能隨心所欲、恆常趨入諸佛以禪定變化、加持、幻化的不可思議的行境中。

前一偈「我於一念見三世，所有一切人師子」，是指一剎那見到三世一切諸佛，此處的「亦常入佛境界中」則是能夠時常進入佛的境界，這更加殊勝，已經不是一般的境界了。佛的境界是什麼樣子？我們當然不知道，連八地菩薩也不甚清楚，但這裡是祈願我們能夠時常進入佛如幻的境界中，即由佛的禪定力、加持力、神通力所顯現出來的諸佛行境，亦即佛身、口、意的境界。

如何能夠進入這樣的境界？就是透過入定了悟離戲論的智慧——無執著的境界，如無善、無惡、無佛、無眾生、無地獄、無天堂等，遠離種種戲論，然後在後得位時身口意如幻化般顯現，並對眾生說法，如此就能從一切罪障中獲得解脫，而趨入佛的行境，此時想要什麼就可以轉化什麼，如將火轉化為水、水轉化為火，也可以將多劫變為一剎那，一剎那變為多劫等，輕而易舉地變現種種不可思議的佛境界。

總之，念此偈頌時應發願透過入定了悟遠離戲論智慧，以及出定後視一切事物如幻化般的顯現而斷除所有障礙後，趨入不可思議的諸佛行境中。

7. 勤修佛剎願

於一毛端極微中，出現三世莊嚴剎，

十方塵剎諸毛端，我皆深入而嚴淨。

【概要】祈願因信解、願力、神變力的緣故，能在一毛端或一極微塵中修成並顯現三世諸佛的莊嚴剎土。如此這般，在十方一切時處，我皆能於每一微塵、毛端上修成諸佛莊嚴無比的剎土並且一一趨入，將所有莊嚴佛剎的特勝顯示於人的事業，我亦能剎那間深入其中。

「於一毛端極微中」，「極微」就是極微塵。毛有牛毛、羊毛、兔毛等大小、粗細的差別，這邊說的「一毛端」就是一根毛髮的頂端，但是眞正的頂端肉眼無法看見，必須透過顯微鏡才能見到。極微塵也是一樣，微塵中還有肉眼無法見到的極微塵，這種無方分的極微塵是沒辦法再切割的。

「出現三世莊嚴剎」，在小到不能再小的極微塵中，卻能顯現三世莊嚴的諸佛剎土，中文翻譯爲「出現」三世莊嚴剎，藏文此處則是「修」字，乃建造的意思，即以發願的力量或自己的信心或神通的力量，於一微塵中建造三世諸佛的莊嚴剎土。這裡的發願是以自力修造清淨的剎土，顯然與《極樂願文》中嚮往由阿彌陀佛所修成的清淨剎土，只要累積往生極樂四因即可生於彼的願文不同。諸佛的刹土有多莊嚴呢？如同《阿彌陀經》裡描述的，種種珍寶所成的大地不會凹凸不平而平如掌面，各類珍寶所成的如意樹，每株樹上果實纍纍，樹上美麗的鳥兒們正宣唱著深廣法音，諸水皆是八功德水，飲後自然生起大悲菩提心或證悟空性等，這些都是淨土的功德，其他佛刹與此類似。

「十方塵刹諸毛端」，如同前述，於一毛端或一極微塵中出現三世莊嚴的刹土；同樣地，四方、四隅、上、下等十方刹土中的所有微塵，每一微塵亦皆如此。「我皆深入而嚴淨」，莊嚴無比的諸刹土，我於刹那間就可以進入。此處的藏文有「刹那」一詞，一微塵在刹那間顯現出無數的莊嚴刹土，同理，十方所有微塵亦皆現出無數的莊嚴刹土，並且自己在刹那間可以全部進入，得以供養諸刹土中的無數佛、聆聽教法等；也可以將刹土顯示在眾生面前，讓眾生也能親睹諸佛與刹土。此外，也可不定地顯示時間，如過去顯示為未來，未來也可轉為過去等不可思議的境界。

在《極樂願文大疏》中有一段故事：

法王松贊干布前去朝拜尼泊爾的三大佛塔：香根塔、夏絨卡繡塔（即現今的大白塔）、施身虎塔時，途中看到一位乞丐比丘脫下破爛的衣衫，在烈日下抓蝨子。國王想到這是一位比丘，便從坐騎上下來向他頂禮。那位比丘心想：「我實在很了不起，這些大國王們也向我頂禮。」國王知曉他心中所想，說道：「我是尊敬誠信釋迦佛的律藏法門，你沒有什麼可傲慢的。」那位比丘是一位隱蔽的大成就者，因此他示現神變將三大佛塔置於手指尖上。國王說：「這沒有什麼好大驚小怪的。」邊說邊打開髮髻顯露出阿彌陀佛的身像給他看。比丘說：「這也沒有什麼稀奇的。」他取過一把利刃，用力剖開腹部，現示出勝樂金剛的壇城。

大成就者將三大佛塔置於指尖上時，指尖沒有變大，三大佛塔也沒有變小；還有胸腹中的壇城諸本尊，每一尊都清晰無比且互不混雜，壇城、本尊等沒有變小，大成就者的胸腹也沒有變大，這些都是不可思議的境界，所以透過這些眞實的故事，對於一毛端能出現三世莊嚴刹土，當可生起誠信。

8. 如來前趨願

所有未來照世燈，成道轉法悟群有，
究竟佛事示涅槃，我皆往詣而親近。

〔概要〕祈願能親近所有未來照亮世間的明燈——未來諸佛，彼等各個行誼、事跡井然有序地出現，如成道、轉法輪、令眾生了悟、究竟示現涅槃等等的時候，我以神變之威力，化身與彼等相同之數量，同時前往他們面前頂禮、侍奉、敬獻普賢雲供、請轉妙法輪等，成爲協助未來諸佛弘法利生事業的人。

明劫又稱爲光明劫，因爲佛出世的地方是光明的，能讓眾生知道善惡的取捨，屏除眾生的無明黑暗，所以「照世燈」——能夠照亮世間的燈就是指佛。「所有未來照世燈」，即過去沒有成佛、將來會登佛果位的所有未來諸佛，在十方世界中綻放光芒，他們每一位都是先發菩提心，然後累積資糧，漸漸成為登地菩薩，從證初地接著二地、三地……直至成佛。

「成道轉法悟群有，究竟佛事示涅槃」，未來佛成佛之後，要轉法輪度化眾生，讓眾生覺醒，最後示現涅槃。未來佛在成佛之前需要累積資糧，我願成為他們累積資糧的助緣，如布施時成為布施的對境等；成佛之後，我願成為請轉法輪者；說法時，我願成為聽法的信眾；入涅槃時，我願成為請佛住世的人。

「我皆往詣而親近」，每一位未來佛成佛、轉法輪時，希望自己能前往他們的面前侍奉，成為未來佛的侍者。因不可思議的願力故，自己變現為如同十方微塵數量一般的身體，同時親近所有未來諸佛。

總之，誦此發願偈時，應當發願，當未來諸佛示現十二行誼時，願自己能夠一一親近他們，並成為協助他們弘法事業的最佳幫手。

十二、十力願

速疾周遍神通力，普門遍入大乘力，
智行普修功德力，威神普覆大慈力，
遍淨莊嚴勝福力，無著無依智慧力，
定慧方便威神力，普能積集菩提力。

〔**概要**〕無有任何阻礙地同時遍及不同的剎土供養諸佛、對有情說法等皆能迅速完成的**神通力**；以各種方便利益一切有情的大悲菩提心，如同勝妙騎乘之**大乘力**；以智慧來普修六度、四攝法、四無量、禪定、六神通等道果之**功德力**；以利樂之心對一切有情、不分親疏的慈等四無量之**大慈力**；布施、持戒等初、中、後時一切皆善的**勝福力**；無所著、無所依遍知萬法之**智力**；了悟法界或實相之**慧力**；善巧利益他眾之**方便力**；能獲神通等殊勝功德之健行三摩地等**禪定力**。願我依此九力，能迅速圓滿究竟、無上的**菩提力**。

1. 速疾周遍神通力

「速疾」指非常快速，「周遍」即遍滿諸佛菩薩的刹土。「一塵中有塵數刹，一一刹有難思佛」，那麼多刹土當中的諸佛，我願以最迅速的方式，於刹那間同時供養所有刹土中的佛、法、僧，並對刹土中的眾生說法，讓他們瞭解善惡的取捨。

能夠同時遍履各種不同的刹土是神通的力量，一般沒有神通的人不要說「遍及」，如果沒有交通工具，想去遠一點的地方都不容易，像過去西康的人到拉薩，沒有公車、火車、飛機等，完全要靠走路或騎馬，必須花很長時間才能到達。雖然目前科學進步，發明各式各樣的交通工具，但是要能抵達某一地方也需要很多的條件，有些地方不具備這些條件，想去也去不成。因此，念誦此願時要想：願我能獲得速疾周遍一切刹土、供養諸佛、弘法度眾等神通力。

2. 普門遍入大乘力

「普門」是用各種方法、法門、途徑來利益眾生。沒有眼睛的有情如何利益？六根具足的有情如何利益？螃蟹、蝦子、魚類等有情如何利益？總之，要以各種方法來利益眾生。爲什麼稱爲「遍入」？即對親友沒有特別關照，對敵人、陌生人也沒有特別疏遠，對人道、餓鬼道、旁生……等六道眾生完全平等，沒有任何差別，這是因爲菩提心的力量。「大乘力」是什麼？「乘」即交通工具，大乘菩薩才具有菩提心，搭上菩提心的車朝正等正覺的佛境界前進，就是大乘的涵義。

3. 智行普修功德力

功德是什麼？像六度、四攝法、四無量心、等持、六神通等都屬於功德，這些功德都是從智慧獲得，所以「智行普修」即由行持智慧而得到眞正大乘的功德。前面講過布施等前五度如果沒有被智慧所攝持，就無法成爲菩提的因，好像沒有眼睛的人無法到達目的地，所以需要透過智慧度讓前五度眞正成爲菩提的因，這裡提到「智行」的理由也是如此。

4. 威神普覆大慈力

「威」是威力，藏語中的力量可說是威神，表示極有力量，爲什麼力量如此強大呢？因爲普覆——遍覆六道全部眾生而無有親疏遠近、欲令一切有情皆得安樂之慈心。這與一般的凡夫眾生不同，凡夫對親友很好，想盡辦法照顧他們，其他自己不喜歡的人連看都不想看，怎麼可能會去照顧他們？對陌生人也同樣是漠不關心。

相對地，無有親疏的大慈心——以願一切有情得到快樂的心態去對待每一位眾生，希望他們都能快樂，而且不僅是希望，還要想盡辦法實踐，讓他們得到眞正的快樂。像之前南部水災，災民之中有的失去家人，有的失去財產，這一輩子辛苦賺錢所蓋的房子，一夕之間付諸流水，完全毀壞。面對這些災難如果是沒有修習空性、沒有證悟空性的人，對家人、財物有很深的執著，但是愈執著，痛苦就愈深，甚至一旦失去這些就沒辦法活下去，十分可憐。

另一方面，很多人犧牲自己空閒的時間，或是請假去幫災民打理生活必需品，並安慰他們，這是因爲每個人都本具慈悲心，「人之初，性本善」，連對敵人都能生起慈悲心，只是因緣未到、條件不具足而已。慈悲有時會因一些外在的因素生起，如他人遇到災難，內心隱藏的慈悲心也會猛然生起，出錢出力不遺餘力。這些是譬喻，此處主要是說明大乘的精神，不只是照顧遭逢厄難的人而已，而是緣及普天下的一切眾生，只要有需要的地方都會前往救助，就連自己的生命都可以爲眾生捨棄的這份心力，故說威神；對每一位眾生完全平等地普覆，即是大慈的力量。

5. 遍淨莊嚴勝福力

「遍」是指在所有的時間與地方，無論是初、中、後的一切時，都持守清淨的善業。起初，爲利益一切眾生而發心；中間，在不捨棄菩提心的基礎下行布施、持戒等；最後，將所行的善業迴向給一切眾生作爲結尾。如此初、中、後三時都是善、清淨的，即爲遍淨。「莊嚴勝福力」是指因修布施、持戒、忍辱等而產生莊嚴殊勝的福德力。

6. 無著無依智慧力

「無著」是對三世一切的事物，即對萬法沒有任何的貪著，如《金剛經》云：「過去心不可得，現在心不可得，未來心不可得。」這裡也是如此，對三世一切事物、萬法都沒有任何貪著。「無依」是沒有任何依靠，因爲離開一切戲論之後，還有什麼可依？故說無依。無著無依是有智慧的人才做得到，有智慧力量的人不會被執著緊緊纏縛。

很久以前，在西藏有一戶非常富裕的人家失火，整個房舍燃燒起來，火勢很大，沒辦法撲滅，有人哭著想衝進火中搶救珍貴的物品，這家人當中有一位是出家人，他不疾不徐地拿出法本開始修火供，把屋子當作供品來供養，神情一點也不哀傷。可見逆境確實能夠轉爲道用，不會影響心情。類似這樣，如果一位眞正有智慧的修行人遇到災難，雖然一生的積蓄都沒了，但說不定他的執著也因此徹底瓦解，修行會更加進步，眞正了悟人生無常。《金剛經》云：「一切有爲法，如夢幻泡影。」一切法都是如夢如幻，我們因爲不知這道理而拚命執著，才有種種的痛苦。

7. 定威神力

即禪定力。神通與神變等的功德之因是禪定，即心專注於一境而不散亂，如健行三摩地等。登地以上的大乘聖者，以禪定力安住於離戲論的狀態，心不會被內在妄念動搖，也不會被外境吸引、擾亂，一心安住於法性當中，由此可獲得神通與神變來饒益眾生。

8. 慧威神力

即智慧力、證悟實相的智慧，證到初地菩薩時就可得到此智慧，但如寂天菩薩言：「瑜伽世間破，平凡世間者，復因慧差別，層層更超勝。」即二地菩薩的智慧超越一地菩薩，三地菩薩又超越二地菩薩的智慧，以此類推，直至佛智。

9. 方便威神力

即利益眾生的方法，以對眾生最有利的善巧方便來應機施教。

10. 普能積集菩提力

以前面九種殊勝的力量爲因而獲此第十力——菩提力，即無上正等正覺之力。「普能積集」即發願能夠積聚菩提力的無誤之因，如前面所講的九種力量，因此圓滿第十力——

佛果位。

十三、對治願

清淨一切善業力，摧滅一切煩惱力，
降伏一切諸魔力，圓滿普賢諸行力。

〔**概要**〕透過皈依、發心、懺悔等來洗滌所生非悅意果的一切業，而獲得完全清淨的善業力；貪煩惱以不淨觀來對治、瞋煩惱以大慈來對治、癡煩惱以觀修十二緣起來對治等能夠徹底摧滅煩惱的力量；凡使眾生不出輪迴、遭受苦厄、障礙行菩薩道的四魔力即煩惱魔、蘊魔、死魔、天子魔等，皆能完全降伏。煩惱魔之對治法如上所述，蘊魔以無我空性來對治，死魔以了悟心性無有生滅來對治，天子魔以淨除境的執著來對治等，這些以智慧依次了悟並徹底降伏。由於斷除業力、煩惱力、諸魔力等而圓滿一切普賢諸行力，如是得證佛果。

1. 清淨一切善業力

此處的藏文版並沒有寫「善業力」而是「清淨業力」，中文則寫「清淨一切善業力」，其實用各種角度都可以解釋。令眾生徘徊在三界輪迴的業是所斷的業，所斷的業分二：正業和隨類業。正業又分不善的業與有漏的善業；有漏的善業又分欲界所攝的福善業，以及色界、無色界所攝的不動善業。隨類業即是諸業習氣的部分。

清淨有淨化的意思，通常都認爲善業不需要清淨，不過若能將有漏的善業淨化成無漏的善業就更好了，否則有漏的善業做得再多，也無法讓我們直接脫離輪迴。無論是善業或惡業，應如何淨化呢？如依靠密宗金剛薩埵的修法，或是念誦《金剛經》〈普賢行願品〉等來懺罪。懺罪時應先生起菩提心，接著念誦皈依、發心的儀軌等，然後內心以金剛薩埵儀軌所說的四種對治力來淨化所有的業力。要知道如果業力不清淨、有所殘留的話，做任何事情都無法順利圓滿。業是沒辦法逃避的，但若能極盡誠心地懺悔，則沒有一個業消除不了，如本願文後面：「往昔由無智慧力，所造極惡五無間，誦此普賢大願王，一念速疾皆消滅。」因爲聽聞〈普賢行願品〉的緣故而產生非常大的歡喜心，並如理如法地念誦〈普賢行願品〉，若能如此，即使是世間最嚴重的五無間罪⑰也能完全消除。

「五無間罪」的「無間」就是沒有中間，指前世與後世之間沒有間隔。一般人的前世與後世之間有中陰身，但造「五無間罪」者卻沒有中陰身，直接墮入地獄。爲什麼五無間罪如此嚴重？因爲父母對我們的恩德之大，如《父母恩重難報經》所述，世尊在經典中也說過，若用一般世俗的方法來報答父母的恩德——將此世的父母分別放置在自己的右、左肩而繞行整個大地作爲承侍，仍沒辦法報答父母的恩德，但若使父母趣入正法則可回報。父母對孩子有多慈愛，人人都非常清楚，但有些孩子十分不懂事，對父母的恩德不但不瞭解、不感恩，甚至非常叛逆，被父母教訓一頓就要告上法庭，這是非常不道德的行爲，違反世間倫常，也違背了佛法。因父母恩德深重的緣故，所以殺父、殺母的罪業非常重，死後沒有中陰身，直接墮入地獄受苦。

接著是殺死阿羅漢，爲什麼殺阿羅漢的罪過那麼嚴重？因爲阿羅漢已經斷除煩惱障，已經獲得聖者果位，所以殺害阿羅漢的罪過相當大。以惡意出佛身血，罪過也極嚴重，因爲佛陀已經證悟人無我、法無我，不只像阿羅漢那樣斷除煩惱障而已，佛陀也斷除了所知障，同時更圓滿二種智慧——如所有智與盡所有智；此外，圓滿斷證功德的佛陀也獲得前述所說的十種力以及此處偈頌所講的四種力，因此出佛身血者，於前後二世之間也沒有中陰身，直接領受無間罪的果報。第五是破和合僧，即挑撥離間、破壞僧團間的和睦，導致佛教團體分裂。世尊在世時，破壞法輪運轉的罪過是最嚴重的；佛陀示現圓寂之後，雖然目前沒有破和合僧的無間罪，不過接近、類似的破和合僧罪是有的，比如在二個佛教團體或道友之間說是非、挑撥的話，造成雙方不合，罪過也非常嚴重；若去破壞一些殊勝的僧

⓱五無間罪：殺父、殺母、殺阿羅漢、惡心出佛身血、破和合僧。

團，可能前、後世之間一樣沒有中陰身。

無間罪是世間最可怕的罪報，沒有比這更嚴重的。但是連這樣的罪都可以清淨，此處講的「一念速疾皆消滅」，一念之間這些業障就完全淨除，業力確實可透過懺悔來淨化，是有辦法對治的，就看我們有沒有下工夫懺悔而已。古人說得好：「不怕慢，只怕站。」如果業障眞的消除，自然而然也能獲得證悟，一般人爲什麼沒辦法證悟？就是因爲還有如山一樣的業障以及未具足福慧資糧。爲什麼沒有福慧資糧？也是因爲業障，一旦業障消除，福慧資糧自然現前，因爲具足福慧資糧，與證悟就十分接近了，藉由一點點的因緣，當下就立即開悟，如禪宗六祖慧能大師那樣。

藏傳佛教之所以極力推廣修五加行或四加行，因爲這是消除業障與累積資糧最快的方法，禪宗雖然沒有修五加行，不過一樣要在叢林道場爲大眾掃地、砍柴等雜役來減輕業障，所以消除業障確實非常重要。之前也曾提到，一般人容易做到的懺罪方法就是修金剛薩埵，也可持誦《大解脫經》《金剛經》〈普賢行願品〉來消業障，這些都是非常殊勝的方法。

我們不要小看〈普賢行願品〉這小小的一本書，認爲哪裡都可以拿得到，這本書要當作寶貝一樣，應每天不離此書並以歡喜心來念誦，若因爲發願每天念誦一遍，而感覺又累又不方便，在這種有壓力的情況下念誦與全然歡喜地念誦，功德完全不同。所以我們念誦之前要想：「今天我有福報可以念一遍〈普賢行願品〉，多好啊！」以歡歡喜喜的心情，對諸佛菩薩及《華嚴經》生起虔誠恭敬的信心，並對眾生充滿慈悲，如此念誦，一定會有不可思議的功德，迅速消除業障。

2. 摧滅一切煩惱力

「煩惱」是令身、心損害的妄念，分爲六根本煩惱與二十隨煩惱等。爲什麼要摧滅煩惱？因爲它會對我們的身心造成最大的傷害。譬如一般有錢人總是覺得錢賺不夠，每天想盡辦法要賺更多錢，被貪煩惱操控之下，即使賺再多都嫌不夠。有些人甚至不在乎健康，拚命去賺錢，最後自己生病、躺在加護病房的時候，再多的懊悔也來不及了，只能嗚呼哀哉！

瞋煩惱也是一樣，瞋恨一生起就易發火，絞盡腦汁要除去怨敵，只要敵人存在一天，他就不快樂一天，然後在失去理智的情況下拿起刀子刺殺仇敵，最後在監獄裡度過餘生等等，其餘煩惱也同樣會造成許多負面的憾事，這些痛苦都是來自於煩惱。總而言之，需要摧滅煩惱的原因就是如此，因為對身心造成很大的傷害，所以一定要將之摧毀。

無論是小乘、大乘或金剛乘，摧滅煩惱的方法實在太多了，根本講不完，其實八萬四千法門都是破除煩惱的方法，《入行論》中也有清楚的講述。大致而言，小乘對治貪煩惱需修不淨觀，瞋心較重則觀修慈心，癡心重的人要學習十二緣起、閱讀論典來啓發智慧，或用數息來減少癡煩惱。大乘對治煩惱的方法就是瞭解其實煩惱本身也是空性，將三毒煩惱轉為道用，故亦可透過貪煩惱來累積資糧。一般來說，以小乘的角度來看殺人、邪淫是非常嚴重的罪業，然而以大乘的角度來說，當一位具強烈菩提心的人殺人時，反而可以累積很多的資糧，只要沒有絲毫的私慾且發心清淨，對這樣的菩薩來說，身、口的七種不善業在特殊的情況下是開許的。

佛經中有二則眞實故事：一位戒律非常清淨的出家人——星宿比丘，於城中化緣時，有一位婆羅門女對他生起貪心、欲結連理，被星宿比丘拒絕之後萬念俱灰，想結束自己的生命，於是星宿比丘對她產生大悲心，故還俗成家，如此不僅未造成惡業，反而迅速累積四萬劫的資糧。

另一則是大悲商主與五百位商人前往大海尋寶，途中遇到一位名叫「持短矛黑人」的人意欲劫殺五百位商人，大悲商主知道此五百位商人皆是不退轉菩薩，如果持短矛黑人殺了他們，將在地獄遭受無量劫的痛苦，大悲商主寧可入地獄的人是自己，故而殺死持短矛黑人，如此他不但拯救五百位商人，也免除持短矛黑人的地獄大苦。因此之故，他不但未墮地獄，反而圓滿七萬劫的資糧。因爲大乘的教法能將煩惱轉爲道用，所以這些行爲表面上是造惡業，但因爲具有無私心與大悲菩提心力量的緣故，反而累積不可思議的資糧。從密乘的角度來看，貪瞋癡煩惱本身即為智慧本體，五毒就是五種智慧，藉由生起次第、圓滿次第得到淨化，淨化不是摧滅煩惱，而是真正了悟煩惱的本質。

雖然我們尚未了悟煩惱的本質即是智慧，但即使沒有達到如此高的境界，仍要想盡辦法朝此方向努力。以前法王如意寶晉美彭措常教導我們學到一點點的教法就應盡力實踐，如果做不到，即使學問一籮筐，對自己也沒有任何幫助。就像一個人精通治病的方法，但若沒去行醫，精通醫術又有何用？對財物也好、人也好，當生起強烈貪著時，無論小乘、大乘、密乘的方法都可用來對治，而且光是瞭解道理還不夠，還要時時觀修，執著心才會減少，逐漸摧滅一切煩惱。

3. 降伏一切諸魔力

即降服、調伏一切諸魔的力量。魔有四魔，《智者啓蒙攝頌》的第一句「滅四具六離二邊」中的「滅四」就是消滅此四魔：煩惱魔、蘊魔、死魔、天子魔。煩惱魔前面已經講過；其次，什麼是蘊魔？蘊即五蘊：色、受、想、行、識，五蘊爲何是魔？因爲五蘊對我們的修行、行善有障礙所以是魔。

看看醫院裡的病人，有些人生病前整日虔誠地念佛、修行，但四大不調生病之後就不想念了，甚至完全放棄，好一點的還會默默念誦，這就是因爲被蘊魔傷害；還有，時常可見有人爲了貪圖美色或一時的樂受等，而做出傷天害理的事，故稱蘊是魔。應如何降伏蘊魔？要瞭解其實五蘊本身即是空性，既沒有「人我」，也沒有「法我」，如《心經》云：「色不異空，空不異色；色即是空，空即是色。受想行識亦復如是。」故一切都離不開空，如此就能降伏蘊魔，只要了悟無我的道理後，蘊魔還能傷害誰呢？

什麼是死魔？死又是什麼意思？一般人害怕死了以後怎麼辦？會往哪裡去？會墮入地獄嗎？其實每個人心裡都有如來藏，或稱作佛性，每個人都從未離開過佛性（也可以說是本具的智慧或是佛的智慧），我們片刻都沒離開過它。自然的智慧會死去嗎？不可能！它無死也無生，遠離生死戲論，哪裡還有死魔？原來死根本沒辦法傷害我們，如此就調伏了死魔。

天子魔是指一切誘惑，比如一個非常用功的修行人被女（男）色或財物等誘惑，使他（她）沒辦法進入修行的狀態就是天子魔；或聽經聞法時感覺很疲憊、想睡覺，這也是天子魔。天子魔持有利箭，只要被射中就很嚴重，但是天子魔從哪裡來？從耽著外境而來，其實外境本不存在，明白外境是空性，哪裡來的誘惑、障礙？故不可能障礙任何修行者，如此便能調伏天子魔。

4. 圓滿普賢諸行力

透過前面所說調伏業力、煩惱力、諸魔力的三對治力，而圓滿第四力——普賢諸行力。普賢諸行力即是一切菩薩的心與行為，如是圓滿而證得無上菩提。法王如意寶晉美彭措曾說：「〈普賢行願品〉中的諸願都可攝於此偈：『清淨一切善業力，摧滅一切煩惱力，降伏一切諸魔力，圓滿普賢諸行力。』因此，我們朝聖、繞行佛寺、繞塔、禮拜佛像，或是見到高僧大德時，念誦〈普賢行願品〉是最好的；若時間不夠，念此四句偈，此非常重要。」所以若沒時間念誦整篇〈普賢行願品〉，至少念此四句，此是要點，務必切記。

十四、事業願

普能嚴淨諸剎海，解脫一切眾生海，
善能分別諸法海，能甚深入智慧海。
普能清淨諸行海，圓滿一切諸願海，
親近供養諸佛海，修行無倦經劫海。

〔**概要**〕願盡虛空、遍法界所有如海般的不淨剎土，皆能變爲珍寶大地、具有菩提樹等莊嚴清淨的刹土；以佛的三神變使住於彼等世界如海般的一切眾生，從有、寂二邊中獲得解脫；一切如海般的教、證諸法，皆能以聞、思、修清淨的三慧眼分辨、洞見與了悟；

剎那間就獲得盡所有智、如所有智二者如海一般的深廣智慧；清淨所有與菩薩如海般善行相違的垢染；無數利益自他的願海皆能圓滿；在如海般無量的諸佛面前，能親自獻上無量殊勝的供養；對以上「清淨剎土」等七個行願海，即使經過如海一般的無量劫，亦無有厭倦、以精進般若波羅蜜的力量來圓滿一切行願。⑱

「普能嚴淨諸剎海」，我們這娑婆世間是不清淨的剎土，有很多的水災、颱風、海嘯、地震等，一瞬間就能沖毀無數房屋、帶走無數脆弱的生命，這都是因為世間不清淨、不莊嚴的緣故，天災人禍才會接連不斷發生。因此，願將這些不淨的剎土變成無比莊嚴、沒有災殃的地方，如同《極樂願文》所說的：「無上殊勝極樂剎，珍寶大地平如掌，寬敞明亮光閃閃，壓陷抬返富彈性，願生輕滑舒適剎。眾寶所成如意樹，樹葉錦緞珍果飾，彼上幻鳥出妙音，鳴唱深廣之法音，願生極為稀有剎。眾具八支香水河，如是甘露諸浴池，七寶階梯寶磚圍，芳香蓮花具果實，蓮花散射無量光，光端嚴飾化身佛……」並且人人都是大乘修行者，聞佛說法，浸潤在法喜當中，成為極清淨的剎土。

「解脫一切眾生海」，宇宙內的一切有情眾生都要經歷最基本的四瀑流——生、老、病、死，加上天災人禍等種種苦難。因此，首先將全宇宙轉為莊嚴而清淨的剎土，然後幫助眾生從痛苦中解脫。因為眾生的數量多到不可思議、無法計算，故說眾生如海。如何能使眾生得到解脫？如同釋迦牟尼佛以身口意的三種神變來度化眾生，我亦如是發願，並且不僅要令輪迴中的眾生解脫，連身處在寂靜當中的聲聞、緣覺也要一併度脫。

佛說要遠離有、寂二邊，即遠離三有⓳輪迴與聲聞、緣覺阿羅漢的寂靜，如《法華經．方便品》云：「又舍利弗，是諸比丘、比丘尼，自謂已得阿羅漢是最後身、究竟涅槃，便不復志求阿耨多羅三藐三菩提，當知此輩皆是增上慢人。」《妙法白蓮華經》也提到阿羅漢在自以為最究竟的涅槃中入定後，經過許久劫，佛陀以各種妙音讓他們醒悟過

⓲此中八個海表示多、廣、深，無法衡量且難以形容，故以海作喻。
⓳三有即欲界、色界、無色界。

來，使他們知道這還不是最究竟的果位，需要重新發起菩提心，進入大乘佛道修行，才能眞正證得三藐三菩提（無上正等正覺）的佛果位。所以念誦「解脫一切眾生海」時，應當發願令眾生從三有和寂靜二邊中解脫，證得阿耨多羅三藐三菩提。

「善能分別諸法海」即透過智慧眼了悟如海般的諸法，《俱舍論》說：「佛法有二種，教法與證法。」三藏十二部經典爲教法，修行人自相續中的戒定慧三學即是證法。因此發願以聞思修三種智慧來深入、洞徹諸法。

「能甚深入智慧海」，這裡的智慧不是一般的智慧，而是本智——佛的智慧。佛智又分如所有智與盡所有智，此二種智慧也是如大海般深廣，願能盡速證得。中文用「深入」智慧海，藏文則是「極爲證悟」也就是證悟究竟的智慧，意思大同小異。

「普能清淨諸行海」中的「諸行」是指菩薩的一切行爲，菩薩行猶如大海般深不見底、廣無邊際。僅就布施而言，菩薩的行境就難以思量，如布施的對境、布施的財物、布施者自己，都在三輪體空中完成，其他持戒、精進、忍辱等亦是如此。這些不可思議的行爲願我都能清淨行持，因爲雖然是布施，但若有一點吝嗇心和執著心就不算清淨的布施。

布施需要清淨，持戒也一樣，不論是受居士戒、沙彌戒、比丘戒，都要清淨持守、不被染汙。世尊爲守護我們的心、使身口意清淨而制定戒律，但受戒最主要的目的就是使心清淨，若能調伏自己的心，任何戒都能圓滿，如密勒日巴尊者說：「我不知道什麼是律儀、律藏，只知道調伏自己的心就是律儀。」因此要致力調伏自己的心。所以「普能清淨諸行海」就是布施要清淨、持戒要清淨、忍辱要清淨等，不被違品所染汙，如布施的相反——吝嗇即是違品，並斷除對三輪的執著，完全清淨。

「圓滿一切諸願海」，此願不是希望自己能夠發財、長壽，而是爲了自他一切有情能夠得到暫時的安樂、究竟脫離輪迴而成佛。因此，一切諸佛菩薩所發的如大海般無邊深廣的願，願我皆能全部圓滿。

「親近供養諸佛海」，親近就是接近的意思，十方諸佛如大海一般無量無邊，願我能親近他們並獻予無上、最殊勝的供養。雖然供養有很多種，但對於視黃金與石頭無有分別的諸佛菩薩來說，即使供養價值連城的寶物也無法令他們生起歡喜心，能使他們歡喜的供養就是不間斷地去利益眾生、讓眾生歡喜，如寂天菩薩云：「眾樂佛歡喜，眾苦佛傷悲，悅眾佛愉悅，犯眾亦傷佛。」因此，我們利益眾生、令其安樂能讓佛菩薩歡喜，再也沒有比這更好的方法來累積資糧、淨除罪障了。

「修行無倦經劫海」，此處講的是精進，要用多久的時間且無有厭倦地修持前面的七個願海？要經歷「劫海」一般不可勝數的時間。一劫的時間已經很長了，再加上如大海一般的無量劫數，這樣的願力眞是不可思議！

總而言之，這邊以海來形容的願總共有八個，每一個願都像海一樣又深又廣。此外，前二個願海是爲了淨化剎土、成熟眾生，接下來的五個願海是爲了圓滿前面二個大願而必須累積資糧的方法，最後的願則是以無盡的時間，恆常精進地圓滿前七個願。這些都是佛的事業願，也就是成佛或成爲登地菩薩之後利益眾生的方式，而諸佛菩薩的事業也唯有饒益眾生而已。

十五、隨學願：又分爲隨學諸佛願、隨學菩薩願。

1. 隨學諸佛願

三世一切諸如來，最勝菩提諸行願，
我皆供養圓滿修，以普賢行悟菩提。

〔概要〕三世一切無量無數的如來，爲了證得最殊勝的無上菩提故，在行菩薩道時曾發起不可思議的行願。願我亦由精進供養諸佛、修持普賢行願的緣故，能夠證得無上菩提，並且諸佛的一切行願，我皆能圓滿無餘。

「三世一切諸如來，最勝菩提諸行願」，三世諸佛菩薩未成佛前，都爲了獲得最殊勝的菩提而發大願、行持普賢行，如布施、持戒等，就像地藏王菩薩發願「地獄不空，誓不成佛」，釋迦牟尼佛爲度化五濁惡世的眾生而發五百大願，阿彌陀佛爲了接引一切眾生至極樂世界發下四十八大願，而根據《藥師琉璃光如來本願功德經》的記載，藥師佛亦發十二大願等。

「我皆供養圓滿修」，同樣地，我也發願要像他們一樣，爲了獲證最殊勝的菩提而供養諸佛菩薩，並圓滿修持他們所發的一切行願。不僅如此，一切諸佛菩薩所發的願、所行的菩薩道等種種不可思議的利生行爲，願我皆能圓滿行持。「以普賢行悟菩提」，即藉由普賢行願來證悟最究竟的菩提。總之，三世諸佛菩薩所發的一切願，我皆無有遺漏地全部圓滿，並證得究竟圓滿的佛果。

順道一提，來談談讀經的要領。讀經首先要從表面的字義開始理解，接著明白每句的內容之後，要能掌握整段的重點，這樣整本經文的意思就容易明白且不容易忘記。例如本書中有些偈頌表面上詞句相似，但強調的重點不一樣，所以藉由科判以增進理解是相當重要的，因爲若不仔細釐清每個願之間的差別，整段的意思都會模糊，這樣讀經不會有太大的意義。具有極高智慧的人僅是看到書名，就大概知道這本書的內容，如同醫術高明的大夫，只要一把脈，所有病情都能瞭若指掌。所以如果我們的智慧沒那麼厲害，就需要藉著科判的整理來幫助我們掌握內容的要點，猶如醫術中等的大夫，即使沒辦法從把脈中完全了知你的病情，但是透過一些醫療器材的輔助還是可以清楚知道。

2. 隨學菩薩願分二：隨學普賢願、隨學文殊願

2-1 隨學普賢願

一切如來有長子，彼名號曰普賢尊，
我今迴向諸善根，願諸智行悉同彼。
願身口意恆清淨，諸行剎土亦復然，
如是智慧號普賢，願我與彼皆同等。

〔概要〕諸佛之長子即普賢菩薩，爲了能與智者普賢菩薩一樣行大菩提行，故我今將所有善根迴向。應如何迴向？對隨類應化的眾生顯現無數的身體，一言即能變現各種眾生數不盡的語言，能趨入無邊無際的無念三摩地門之意，此即三門清淨；六度不被違品染汙故諸行清淨；不淨之剎土皆令清淨。如同普賢菩薩爲獲得此五種清淨而發願、迴向一般，我亦如是隨其學習。

爲了圓滿諸佛菩薩的行願，所以我要跟隨普賢菩薩學習。這裡的「長子」是指最優秀的弟子，其行、願等各方面都是不可思議的。諸佛菩薩異口同聲稱嘆的長子即是普賢菩薩，因爲普賢菩薩具備一切菩薩的功德，並圓滿自利與利他的事業，如經云：「遍一切處，純一妙善，備具眾德，故以爲名。」故我今將過去、現在、未來所造的一切善業都如此迴向：願智慧、行爲、願力與普賢菩薩完全相同，而成爲圓滿諸佛菩薩利己、利他行願的善巧者。

如何才能與普賢菩薩完全一樣呢？要從身、口、意、諸行、剎土五個方面來說。

1. **身清淨**：為度化六道眾生而應化為與其同道的眾生，如面對人道的眾生則化作人身來度化，面對旁生道的眾生則化作動物來度化，以此類推，如此化身的數量無窮無盡，此即身清淨。

2. **語清淨**：將聲音轉化為各類眾生皆能理解、受用的語言來說法，如前所述：「天龍夜叉鳩槃荼，乃至人與非人等，所有一切眾生語，悉以諸音而說法。」如同佛陀一般，僅以一種聲音就能令每位眾生都聽見、聽懂，進而成熟一切眾生的相續，此即語清淨。

3. **意清淨**：沒有任何的分別妄念、自然進入大悲禪定等，此即意清淨。

4. **諸行清淨**：一切的行為都是清淨的，如布施等六度不被吝嗇等相違的六垢所染汙。

5. **剎土清淨**：將不清淨的世界變成如極樂世界般清淨的剎土，沒有天災、人禍等等，圓滿一切剎土的功德。

總之，普賢菩薩為了獲得此五種清淨而發願迴向，我也如是隨學發願迴向。

2-2 隨學文殊願

我為遍淨普賢行，文殊師利諸大願，
滿彼事業盡無餘，未來際劫恆無倦。

〔概要〕願為了行持一切初、中、後時善妙、甚深、廣大之菩提行，文殊師利菩薩如何發起大願，我亦如是效法文殊菩薩發此大願並努力行持。以上諸佛、普賢、文殊等一切行願，願我乃至盡未來際劫間，奮勇精進、恆行無倦、歡歡喜喜、毫無遺漏地圓滿諸佛菩薩的廣大宏願與事業。

「我為遍淨普賢行」，我為了圓滿遍淨（初、中、後時的業都是清淨、善的）如此善業清淨、甚深廣大的普賢行，因此所有文殊菩薩所發的行願，願我也能成就。「文殊師利諸大願」中的「文殊師利」是梵文，「文殊」是平息、寂靜的意思，平息什麼？就是滅除煩惱與所知二障；「師利」是圓滿的意思，即圓滿自、他二利。文殊菩薩發了許多大願，如往昔爲虛空王的時候曾發願：「輪迴無後際，亦無前初起，直至輪迴盡，勤行利有情。」意即輪迴不窮盡，我利益有情的心與行也不會窮盡。因此，願我也爲了利益眾生，而隨學文殊菩薩的所有大願。

「滿彼事業盡無餘」，諸佛、普賢、文殊等一切行願，願我毫無遺漏地全部圓滿。法王如意寶晉美彭措曾教導米龐仁波切所編撰的《八大菩薩傳記》，是關於八大菩薩如何發願、如何利益眾生等種種難行能行的事蹟，令人感動不已。所以多閱讀佛菩薩的傳記，能啓發我們的信心與隨學的動力。「未來際劫恆無倦」是發願隨學普賢、文殊二位菩薩，他們的行願、事業全部圓滿無餘，爲了盡虛空遍法界的一切有情，直至盡未來際，永無厭倦、歡歡喜喜地行持菩薩行願。

十六、依總結顯示迴向願

我所修行無有量，獲得無量諸功德，
安住無量諸行中，了達一切神通力。

〔概要〕祈願我如上述荷擔、修持諸佛菩薩布施等一切廣大的行誼，無論是用數量、時間或譬喻等來計數，都無法算盡、衡量；願由此所生的果——不忘總持、辯才等一切的功德，亦無法估量；願自己安住如此這般無量的修行與功德後，能通達並獲得十方一切諸佛菩薩由身、語、意顯示出的無量神通等功德。

「我所修行無有量」是因，即發願前面十五個願的內容我皆全部承擔，如此利益眾生、行持六度等等的菩薩行，無論是用譬喻、數量或時間等來計算都無法數盡。「獲得無量諸功德」是果，透過無量的因——修行無有量，所獲得的功德也是無邊無際的。比如布施、持戒等所獲得的功德，或透過圓滿福慧二資糧而獲得禪定、不忘總持、辯才無礙、四種無礙解等諸功德，都是無窮無盡的。

「安住無量諸行中」，即安住在無量修行的「因」當中，也安住在獲得無量功德的「果」當中，然後「了達[20]一切神通力」，如釋迦牟尼佛以身語意三神通來利益眾生，阿底峽尊者亦說：「如是無翼鳥，空中無能飛；如是離神通，無能利眾生。若是具神通，晝夜所利眾，無具神通者，百世亦難成。」但不要忘記之前講過，有正知正見的人具有神通，才能如虎添翼般極易成辦眾生的利益。總之，此偈頌是前十五個願的總結願，也是迴向願，因修行無量故，其功德也是無量無數，安住於此二者當中，現證諸佛菩薩的神通，而利益無窮無盡的眾生。

[20] 「了達」藏文的意思就是了解之後還要證悟達到果位。

第二節　顯示願的邊際

乃至虛空世界盡，眾生及業煩惱盡，
如是一切無盡時，我願究竟恆無盡。

〔**概要**〕無論從十方的任何一方去衡量，虛空都沒有盡頭、無邊無際。在無盡的虛空中，亦充滿無數的眾生；無數的眾生中，亦遍布善業、不善業與貪等煩惱；如同業與煩惱無有窮盡一般，願我利益眾生的普賢行願亦無邊無盡。

此處乃顯示或描述願的邊際、範疇。從此段偈頌開始，藏文版與漢文版的順序有所不同，現依藏文版的順序而調動、講解，但自己念誦時不需變動，依漢文版的順序念誦即可。「乃至虛空世界盡」，虛空是無為法，無論從四方、四隅或上下，都找不到虛空的頂端或盡頭，因為虛空是沒有終點的，一條路有起點與終點，而虛空沒有。普賢菩薩的行願就如虛空一樣沒有邊際，無窮無盡。

「眾生及業煩惱盡」，許多上師在開始講經之前常會說：「有虛空的地方就有眾生，有眾生的地方就有業與煩惱，有業與煩惱的地方就充滿痛苦。因此，爲了要度化眾生，而發起殊勝的菩提心，聽聞佛法。」這裡也是一樣的意思，所謂有虛空的地方就有眾生，就像科學家透過精密的儀器如高倍的顯微鏡等，可以看到肉眼未能見到的眾生，比如家中的塵蟎等；以此類推，因爲境界不同的緣故，即使肉眼看不見，虛空中一定仍存在其他數不盡的眾生，這樣一來，只要有眾生就有業和煩惱的存在，如此「業煩惱」亦是無盡。「如是一切無盡時」，如是虛空、世界、眾生、業、煩惱沒有窮盡時。「我願究竟恆無盡」，我的願也是如此，沒有邊際也找不到盡頭。

覺尼紮巴夏珠在《普賢行願品釋．闡明佛子行海要義》中說：「此處描述〈普賢行願品〉一切願的邊際，也涵蓋大乘所有的廣大行願。」要知道我們若無「泰山之福緣，海深之善慶」，就無法與如此殊勝的〈普賢行願品〉結上緣，因此要珍惜因緣，好好隨文解義、盡力持誦，如此所生的功德必定也是無窮無盡的。

3

敘述〈普賢行願品〉功德利益之總結願

敘述功德利益之總結願分二：一、行願之功德利益；二、迴向具功德利益願。

第一節　行願之功德利益分三：略述、廣述、攝述

一、略述

十方所有無邊剎，莊嚴眾寶供如來，
最勝安樂施天人，經一切剎微塵劫。
若人於此勝願王，一經於耳能生信，
求勝菩提心渴仰，獲勝功德過於彼。

〔概要〕若某人將各種莊嚴珍寶遍滿十方無邊的剎土，然後以清淨心供養給十方一切

諸佛菩薩，不僅如此，還將人、天最好的受用，即令五根生起最勝安樂的因：如美貌、悅音、妙香、美味、柔觸等一切妙欲，數量多到無法數盡，並經過所有佛剎的微塵數劫，不間斷地供養；若另有一人，聽聞此行願王〈普賢行願品〉之後，不要說幾番因爲思惟文中的詞、義，而對無上菩提的因與果生起無比的歡喜心與信心，甚至僅是生起一次的信心而發下此願，所獲的福德遠超過前面的供養者，並且乃至證悟菩提之間，其功德永遠都不會窮盡。

這裡主要是講述持誦〈普賢行願品〉的功德利益，以比喻來講：一個是行廣大供養者，另一個是專心聽聞〈普賢行願品〉並生起清淨的信心，將此二者獲得的功德相比，則後者勝於前者。此偈首先描述的是前者，假設某人將「十方所有無邊剎」，即十方所有無邊的剎土或是國土、世界、宇宙等，作爲廣大供養的範疇。「莊嚴眾寶供如來」，以極爲善妙的寶物如七政寶❶、八瑞物、八瑞相、金、銀、琉璃、珊瑚、琥珀等各種珍貴的寶物

❶即轉輪王七寶。

遍滿十方剎土，以虔誠心供養給諸佛如來。其實不要說以堆滿十方世界的寶物來作供養，如果我們能將自己辛苦賺來的錢全部供養三寶，都會感覺功德很大，由此可窺見此處所說的功德有多大。

「最勝安樂施天人」，所供養的不只是前述的供養物，還供養讓天人與人道眾生感覺最殊勝、安樂的事物。令天人安樂的事物如甘露、妙音、妙香、妙味等；對人類而言，也許富裕就是安樂，或擁有房子就是安樂，或無病、健康就是安樂，或能夠長壽、貌美就是安樂等。總之，將所有帶給天人與人類安樂的色聲香味觸等悅意的五妙欲，全部供養諸佛菩薩。

「經一切剎微塵劫」指供養的時間，即經過一切剎土所有微塵數量的劫數。剎土指所有諸佛的國土，目前科學家發現最小的物質單位稱爲夸克，《俱舍論》稱爲極微塵，比如一個木魚就有非常多的極微塵，如此，將所有剎土中的夸克或是極微塵當計數的單位來計算一劫、二劫、三劫……，時間就長得根本無法想像，以這麼長的時間來作供養，功德當然大。十方刹土好比是容器，裡面裝滿各種稀世珍寶以及人天當中最殊勝的安樂等，將這些最勝物供養給諸佛菩薩，並且供養的時間長達十方刹土微塵數的劫數，如此所積聚的廣大功德，就算以海水為墨恐也訴說不盡。

「若人於此勝願王」指另一人聽聞〈普賢行願品〉之大願；「一經於耳能生信」，僅聽聞一遍就生起歡喜心，進而對此產生信心；「求勝菩提心渴仰」，內心渴望獲得殊勝的菩提——覺悟。因為聽聞或持誦〈普賢行願品〉而產生信心，亟欲求得最殊勝的佛果，就像在酷熱的天氣裡渴望暢飲甘洌的清泉一樣。「獲勝功德過於彼」，僅聽聞一遍〈普賢行願品〉便生起信心，如此所獲得的殊勝功德即超越前面行廣大供養的人，更何況多次聽聞之後能建立極為穩固的信心，功德自然更大。

然而，若以隨便的態度來聽經聞法，則不會帶來多大的功德利益，就像鸚鵡學舌，所造的不過是無記業而已。所以我們雖然沒有能力做廣大的供養，但是若能對〈普賢行願品〉生起信心與歡喜心，並在念誦之前思惟：「今天我可以念誦此經，多有福報啊！」然後在對諸佛菩薩生起恭敬心、對眾生充滿慈悲心的發心下持誦此經，如此，一定會有不可思議的功德，消除業障也特別快。

發願終身持誦〈普賢行願品〉，對某些人來說也許會有一定的壓力，雖說來日方長，然而，實際上隨著年齡不斷地增長，每人出生之後即往死亡之路一步步邁進，已經是「來日方短」了，如〈普賢菩薩警眾偈〉：「是日已過，命亦隨減；如少水魚，斯有何樂！」所以更需要利用有限的時間做有意義的事。況且若能每日念誦〈普賢行願品〉就等於念誦一部經，既能累積資糧又能淨除業障，將來必能往生西方極樂世界。清楚明白持誦此經的殊勝之處，自然會生起歡喜心，壓力也就煙消雲散了，因爲只要抱著甘願做的心情就不會感覺疲累。

相反地，若是不想做的事情卻勉強去做，無論事情有多簡單，都會感覺疲乏。寂天菩薩在《入行論》云：「久習不成易，此事定非有，漸習小害故，大難亦能忍。」龍樹在《寶鬘論》亦云：「一切有情過與德，皆爲串習之屬性，串習亦賴於自己，故當串習功德勝。」所以好、壞的行為都是由習慣產生的，再說〈普賢行願品〉全部只有六十二頌，不用幾分鐘就可以念完了，因此養成每日念誦的習慣後，自然而然就不會有壓力了。

也許有人懷疑為何前者行廣大供養的功德沒有後者來得大呢？這是因為雖然前者的供養無論是數量、質量或時間都是超乎想像的，但這些全部都是有漏的功德，果報成熟之後就會窮盡，即使數量再多、再美好，依然會有告罄的一天，就像佛經裡說的「積際必盡」。而後者的功德則是無漏的，加上持誦〈普賢行願品〉一定能種下成佛的種子，究竟的佛果位是不生不滅、無有窮盡的，因此後者的功德超越前者。

紮巴夏珠在《普賢行願品釋．闡明佛子浩瀚行要義之日輪》也說過：「因為此〈普賢行願品〉匯集一切諸佛菩薩的行願，若能誠心如理發願，一定會成為大乘之種姓。若未曾生起菩提心者，菩提心將迅速生起；若已生起者，菩提心將穩定、增長而速疾成佛，故功德超越前者。」覺囊派的多羅那他在〈普賢行願品〉的釋本中說：「無論你念誦的時候，心清淨或不清淨，由於已經與〈普賢行願品〉結緣，因此確定是未來逢遇大利益（成佛）

的因。」這樣的說法也許讓人無法理解，一般而言，以不清淨的心來誦經，不會產生多大的功德利益，但因爲普賢菩薩的願力實在太殊勝了，因此無論你產生勝解的信心也好，或沒有什麼信心也好，只要持誦〈普賢行願品〉就有不可思議的功德，這是對〈普賢行願品〉功德的另一種解釋。

二、廣述

即常遠離惡知識，永離一切諸惡道，
速見如來無量光，具此普賢最勝願。
此人善得勝壽命，此人善來人中生，
此人不久當成就，如彼普賢菩薩行。
往昔由無智慧力，所造極惡五無間，
誦此普賢大願王，一念速疾皆消滅。

族姓種類及容色，相好智慧咸圓滿，
諸魔外道不能摧，堪為三界所應供。
速詣菩提大樹王，坐已降伏諸魔眾，
成等正覺轉法輪，普利一切諸含識。

〔概要〕 若任何人以圓滿的誠信精進持誦普賢殊勝的行願，能獲得十三種功德：⑴此生與未來一切世中，遠離與不遇令煩惱增長、造作罪業、障礙持戒、阻礙聞思修增長等惡友（惡知識）；⑵淨除令生於惡趣的一切罪障；⑶此生能速見如來無量光——阿彌陀佛，來世生於極樂世界；⑷大乘的善知識、修行的處所、道友、受用等無需費力而自然獲得；⑸即使遭遇令人痛苦的病、魔等惡緣，亦能將其轉化爲增長菩提心與行菩薩道的助緣，故身心安樂（勝壽命）；⑹此人因爲諸佛菩薩的加持，此生與來世的一切利益圓滿臻至，故爲善來；⑺此人在不久的將來，當成就等同普賢菩薩的神通、行願等功德；

⑻曾造五無間罪的人，若能生起信心而誠心持誦普賢大願王，則眾罪皆能清淨；⑼具有令人賞心悅目的圓滿容顏，且生於王族等高貴的種姓中；⑽生生世世無論生於人道或天道，皆具有洞徹明瞭萬法的圓滿智慧；⑾諸魔外道無法障礙、侵擾；⑿無論居於三界任何一處，一切眾生皆向其供養、態度恭敬並予以協助；⒀因圓滿福慧二資糧與究竟之行願，故為利益一切眾生，而速往菩提樹王下降伏魔眾，證得圓滿正等正覺後宣轉法輪。

1. 即常遠離惡知識

「即常遠離惡知識」相當重要，任何人若具有圓滿的信心並精進如理地持誦〈普賢行願品〉，則無論此生或來世都能遠離惡知識。「惡知識」藏文翻譯為惡友，惡友有二種意思：一是惡知識，也就是邪師；二是壞朋友。凡令自己五毒煩惱增長、使自己造惡業、障礙自己持守戒律和聞思修等的人皆是惡知識；還有看似教導我們解脫道，其實卻引導我們生邪見、行邪行的人，無論其身分是出家或在家都是惡知識，應如遇見毒蛇般立即遠離。

在末法時代，無論尋師或結交朋友都要特別小心謹慎，不能盲目依止，如律藏中說：「信任陌生人，依止惡劣者，草率捨棄友，愚三法相。」因此，尋師或交友務必要謹慎，否則不但未能解脫，反而造下生生世世墮入惡趣的因，所謂「差之毫釐，繆以千里」，一旦走錯一步，追隨了惡知識，生生世世將遭受數不盡的痛苦，所以要好好修持〈普賢行願品〉，就算已經遇到惡知識，他們自然而然會漸漸遠離你，將來也不會再遇到這樣的人。總之，認眞如理持誦〈普賢行願品〉的人，既能遠離一切惡知識，又會遇見使自己增長聞思修等功德的善知識。

2. 永離一切諸惡道

任何人若如理持誦〈普賢行願品〉，不會因爲業力而墮入三惡道，因爲如理持誦〈普賢行願品〉能淨除令墮惡趣的罪障，因此能「永離一切諸惡道」。什麼是惡道？即地獄道、餓鬼道、旁生道。由於永遠不會墮入三惡道，所以只能投生在人道、天道，然後逐漸累積資糧、消除罪障，最後獲得究竟的菩提果位。

3. 速見如來無量光

任何人若如理持誦〈普賢行願品〉，則不久的將來就可親見極樂淨土的一切所依與能依。所依是指極樂世界，能依是指阿彌陀佛及其眾眷屬，如觀音菩薩、大勢至菩薩等。如來是佛的總稱，但這裡指的是無量光佛即阿彌陀佛，也就是持誦〈普賢行願品〉的人很快就能見到阿彌陀佛。通常我們說某某人去見阿彌陀佛了，表示這人已經往生，但這裡不是暗示念誦〈普賢行願品〉會很快往生，因為並非死後才能見到阿彌陀佛，而是此生就能親自見到，並且於其座前聽聞佛法，命終之後也能往生極樂淨土。

許多高僧大德藉由光明夢或禪定前往極樂世界，謁見阿彌陀佛，如恰美仁波切的傳記裡描述他曾於光明夢中親至五臺山、峨嵋山以及極樂世界朝聖；揚唐仁波切的前一世——多芒多傑德欽林巴，亦曾於光明夢的境界中前往鄔金剎土拜見蓮花生大士，並且蓮師傳授許多法要給他等等，此事詳細記載於《蓮師剎土雲遊記》。總之，第三個功德是如理持誦〈普賢行願品〉的人，此生能速疾親見無量光佛並聽聞佛法，往生之後能生於極樂世界。

「具此普賢最勝願」，此處十三種功德利益，每一種功德利益之前都可加上此句，即「具此普賢最勝願，即常遠離惡知識」「具此普賢最勝願，永離一切諸惡道」等。意即對於普賢菩薩最殊勝的行願，若以虔誠的信心認眞持誦，依此功德利益可以遠離一切惡知識、永離一切諸惡道、速見如來無量光等。

4. 此人善得

任何人若如理持誦〈普賢行願品〉，則修行時所需的一切衣食、受用、助伴等，皆能無需勤作就能獲得。一般修行人閉關，若無人供養則無法繼續修行，必須外出化緣。在西藏的深山裡就有不少這樣的修行人，乞討足夠支應一個月或一年的食物後返回洞中閉關，等食物用盡再出來化緣。

若能如理持誦〈普賢行願品〉，就不需浪費時間去化緣，自然有許多人來供養你，可以一直閉關修行；即使需要外出化緣，不費吹灰之力就能獲得自己的所需。即使沒有閉關，只要是如理如法地用功修行，皆能順利、圓滿一切的所需，如《大乘妙法蓮華經》中〈普賢菩薩勸發品〉第二十八：「普賢！若於後世，受持讀誦是經典者，是人不復貪著衣服臥具飲食資生之物，所願不虛，亦於現世得其福報。」所以即使是在家居士，若能誠心修持〈普賢行願品〉，則不僅工作順利，不用特別賣力也能養家活口，就不必擔心沒時間念誦〈普賢行願品〉了。

5. 勝壽命

「勝壽命」即殊勝的壽命，能在與善行不離的情況下生活，故是勝壽命。如果生命沒有用來修持佛法，即使日子過得再富裕、地位再尊榮，也不算是殊勝的壽命，因此不離三寶、善根為勝壽命，或是無有病、魔、敵人等傷害為勝壽命。我們以虔誠心持誦〈普賢行願品〉，不僅不會遠離佛法、不受外面魔障的傷害，也能消除病魔，得以長壽健康，只要好好聞思修就可以了，不必再另外爲了尋求長壽、健康等方法而浪費時間，因此値遇這部殊勝的〈普賢行願品〉，並隨學普賢行願即是勝壽命。

6. 此人善來人中生

如理修持〈普賢行願品〉的人一生之中福善均至，如常享長壽、富裕、健康、眷屬圓滿❷等，故爲「善來」；或因爲修持〈普賢行願品〉而使此生善根增長，圓滿多世安樂的因，使暇滿人身變得非常有意義，故爲「善來」。想要求財的人，只要持誦〈普賢行願品〉即可，不用特別去念財神咒或是買寶瓶供奉，因爲如果自己本身沒有廣結善緣、累積資糧，即使有再多的寶瓶也不一定能夠發財。

❷意指親戚眷屬都對此人非常慈悲、良善。

有一次在西藏，有幾位喇嘛在信眾家擊鼓修法，一位外地來的漢人很好奇地詢問他們在做什麼？有人告訴他在修財神，這樣可以發財，這漢人一聽便驚呼：「那念經修法的人不知已經變得多有錢了！」這是很有趣的觀點。若是這樣，本身修財神的人早就變得相當富有了，也不需要靠賣寶瓶累積財富！想要成佛，累積資糧相當重要，每日持誦〈普賢行願品〉是很實在的方法，自己修就行，不需倚靠他人，而且不僅福壽能夠圓滿，比如持誦者是農民，則所種的穀物豐收，無論是人與非人都會以慈悲待他，且名聲廣大。其餘人等可依此類推。

7. 此人不久當成就，如彼普賢菩薩行

虔誠持誦〈普賢行願品〉的人，不用很長的時間就可以成就與普賢菩薩一樣的智慧、功德、神通、事業、行願。要知道能做到普賢菩薩行願的一部分，須證悟初地以上的菩薩才辦得到；大部分的普賢行願都能做到，要到八地以上的菩薩才能做到；普賢菩薩的行願

全都實踐，要十地以上的菩薩。所以「此人不久當成就，如彼普賢菩薩行」，是指此人很快就可以成就初地菩薩，接著成就八地與十地，如此，迅速圓滿和普賢菩薩一樣的行願，也就指日可待了。

8. 往昔由無智慧力，所造極惡五無間，誦此普賢大願王，一念速疾皆消滅。

此處是就消業障方面而言。過去由於沒有智慧或無明的緣故而造作五無間罪，爲何用「極惡」來形容五無間罪呢？因爲再也沒有比這更嚴重的罪過了。造如此這般大惡業的人，首先要對自己所做的惡業生起眞誠的懺悔心，接著對普賢大願王即〈普賢行願品〉生起深切的信心，然後發菩提心，並且持續不斷地持誦此經。如此，就算罪大惡極，也能連根拔除。

「一念」即一剎那，應爲成事剎那。此處藏文版沒有「一念」一詞，而是「速疾」，即很快可以消除罪障，不需要等到來世。如理念誦普賢行願品，連五無間罪都可以消除，更何況其他罪業，如諺云：「譬如見遠針者，必能見近山也。」同樣地，能除大罪者，也一定能消除小罪，這是可以確定的。念誦〈普賢行願品〉的功德如此廣大，自己持誦也好，勸人念誦也罷，都是身為佛教徒應該做的事情。此書內容不多又輕巧，可以經常攜帶幾本在身上，隨緣勸人念誦，對方若願意念誦，對他絕對只有好處，所花的時間肯定是功不唐捐，不念誦反而才是損失。

9. 族姓種類及容色，相好

印度自古以來即有種姓制度，可略分為四種：剎帝利、婆羅門、吠舍、首陀羅。這種制度沿襲至今，其中剎帝利與婆羅門屬於高貴種姓，不准與低下階層通婚等，規定繁多。此處說若是持誦〈普賢行願品〉，則來世不會生於低劣的種姓而是高貴的種姓。

其實釋迦牟尼成佛之後倡導種姓平等，無論是王公貴族或是拄著枴杖的乞丐、市場的屠夫等，地位、待遇都完全平等，沒有任何差別，如律經中記載，即使是最低階層的屠夫也可以出家，身披袈裟成爲刹帝利、婆羅門頂禮的對境。「容色」指膚色，「相好」即身體或相貌圓滿，而且不僅莊嚴還散發燦爛的光芒。這些是凡夫地時可獲得的功德利益，但若是證至登地以上的菩薩，則可獲得圓滿的意生身，具足三十二相、八十隨好等功德利益。總之，若是如理持誦普賢行願品，將生於高貴種姓，容色、相好皆能圓滿。

10. 智慧咸圓滿

若如理持誦〈普賢行願品〉將獲得二種智慧：一、當我們在輪迴時，無論轉生爲人或天人，皆具有敏銳的智慧，如明瞭因果道理、如何捨惡取善以及如何聞思修等。智慧極爲重要，假如沒有智慧，將造成大大小小的傷害，即使心裡沒有想要傷害別人，卻做了傷人的惡業，這都是沒有智慧的緣故。反之，若有智慧就能平息一切痛苦，如寂天菩薩云：「故欲息苦者，當啓空性慧」。二、將迅速獲得聖者的智慧，如文殊菩薩、普賢菩薩的智慧，或如佛陀身旁智慧第一的舍利子，他一出生智慧就與眾不同。最後獲得佛的二智：如所有智與盡所有智。「咸圓滿」指第九與第十的功德（「族姓種類及容色，相好」及「智慧」二）全都具足、圓滿。

11. 諸魔外道不能摧

任何人若以正確的方式持誦〈普賢行願品〉，則此世與來生無論任何魔類或外道都無法傷害此人，更無法障礙、擾亂其修行，並能以智慧、慈悲、三昧等摧毀一切魔眾。對於非人的干擾，有些人會念誦忿怒本尊的心咒來保護自己，但其實只要認眞諷誦〈普賢行願品〉就夠了，此乃佛經眞諦語，無有絲毫虛假，可以完全相信。從另一個角度來說，其實魔不在外而在自己的內心，主要是我執傲慢魔，如密勒日巴對岩羅剎女說：「較汝尤厲之魔乃我執，較汝尤多之魔乃意識，較汝尤肆之魔乃分別。」可見魔之根本乃爲我執，因此前行時先發菩提心，正行時一心持誦〈普賢行願品〉，結行時將善根迴向給一切眾生，如此持之以恆，終能摧毀我執大魔。

12. 堪為三界所應供

凡是聽聞、讀誦、開演〈普賢行願品〉者，都能成爲三界人天的應供處，無論是人或天人都會恭敬此人，並直接或間接地予以供養，盡量幫助、護持此人完成利生的事業，就像蓮花生大士來到西藏建造西藏第一所寺廟——桑耶寺，神奇的是，白天是人類在做工，晚上天一黑，就由魔族與龍族接著繼續做，所砌的牆比人蓋的還要高，因此桑耶寺很快就建成。類似這樣，無論需要什麼，都會直接或間接地得到供養。

13. 速詣菩提大樹王，坐已降伏諸魔衆，成等正覺轉法輪，普利一切諸含識。

這是最究竟的功德利益，也就是持誦〈普賢行願品〉的人能速疾圓滿二資糧而證得無上菩提。任何人只要持誦〈普賢行願品〉，將速至菩提大樹王（即菩提樹）下，降伏魔眾之後證得無上菩提，並且爲了利益一切有情故，轉妙法輪。此偈頌顯示佛陀「坐菩提樹下」「降伏魔眾」「證得菩提」「轉妙法輪」等四種行誼，間接衍生出其餘的八種行誼也能成就。故若虔心諦聽、思惟、持誦或開演〈普賢行願品〉，很快就能如佛陀一般示現十二行誼。

在十三個功德利益當中，第一、二、八個功德利益是斷除違緣與罪障方面的功德，包含惡知識、惡道、五無間罪都是要斷除的；第四善得、第五勝壽命、第六善來的功德利益則是所要圓滿獲得的順緣。以上六種功德利益在初學時即可產生，其中有些是此生所造的業則由此生受報，名爲順現法受報。

與順現法受報有關的例子很多，如若有人供養剛從慈三昧（慈禪定）出關的人，此人今生立即獲得財富等果報；反之，若是對其造作傷害等惡業，也會立即得到果報。殺生算順現法受報嗎？索達吉堪布曾在《勸友放生書》中云：「從前在江蘇揚州外城有位農民叫四六，他喜好整理園圃種植花木，有一天挖土時發現一個蟻穴，內有無數螞蟻，因他兇殘好殺，從家裡拿一盆沸水，直接灌入蟻穴，無數的螞蟻全被燙死了。那年八月的一天，他夢中忽然看見無數螞蟻爬遍他全身，醒來時，發現全身肌肉有無數紅色斑點，次日後，小點都化爲紅泡，每一紅泡裡長出一隻螞蟻，狠咬其肉，痛苦難忍，他恐懼哀叫，數日之後便趨死亡。」所以如果殺幾隻螞蟻、蟑螂等，此生不一定受報，但是如果殺的數量太多，則會成爲順現法受報。

很多漁夫、屠夫不斷宰殺魚、雞等，最後都無法善終，本該是往生後由下一世承受的業力，但因爲累積的惡業太多、太嚴重而成爲順現法受報。常有新聞報導釣客被大浪捲走，有人捲入養雞場的機器被碾死，這都是罪過太大而成爲順現法受報的實例。

第九、十、十二個功德利益，是直到下一世才會產生的果報；第三、十一個功德利益是此生與來世都能獲得的果報。第七與第九意生身的果報，爲登地時的功德利益。第十三個功德利益是究竟成佛時才能獲得。總之，十三個功德利益可歸納爲四：一、順現法受報，凡夫此生即有的功德利益；二、凡夫來世才有的功德利益；三、登地菩薩始有的功德利益；四、究竟成佛的功德利益。

三、攝述

若人於此普賢願，讀誦受持及演說，

果報唯佛能證知，決定獲勝菩提道。

〔概要〕任何人若以虔敬的信心書寫〈普賢行願品〉的詞句，或是心中思惟，或隨身攜帶，或聽聞、讀誦、為人演說等，其功德不可思議，除了全知佛能夠證知之外，連聲聞等聖者也不能知曉，更何況凡夫眾生。因此，其果報能獲得究竟殊勝的菩提，無庸置疑，此為佛所說，應生信受。

總而言之，倘若有人在發起殊勝菩提心的基礎下，對〈普賢行願品〉有強烈的信心而虔誠讀誦，所獲得的廣大功德無法用言語表達，唯有遍知的佛陀才能徹底明瞭。「若人於此普賢願，讀誦受持及演說」，在此的「受持」是指無論是自己親手謄寫或是印刷的〈普賢行願品〉經本，一直不離身，並將此經當作必修的功課天天持誦，或是向人宣講，或是念誦此經迴向給往生者。

「果報唯佛能證知」，如此這般的功德利益唯有佛能盡知，連聲聞、緣覺、阿羅漢與世間的眾智者都無法完全了知，更何況我們這些凡夫。「決定獲勝菩提道」，「獲勝菩提」即如前面第十三個功德利益「成正等正覺」，這裡的「決定」在藏文的意思是「不要疑惑」，就是對於如理地以聞思修行持〈普賢行願品〉有這麼多不可思議的功德利益，不要有任何一絲一毫的猶疑，要有信心，相信自己最後一定可以獲得最殊勝、最究竟的菩提——成佛。

第二節　迴向具功德之願

迴向具功德之願分五：一、趨入菩薩的迴向願；二、趨入諸佛的迴向願；三、迴向願果現前願（導歸極樂願）；四、迴向獲佛親予授記願；五、迴向授記已利益眾生願。

一、趨入菩薩的迴向願

文殊師利勇猛智，普賢慧行亦復然，
我今迴向諸善根，隨彼一切常修學。

〔**概要**〕聖文殊菩薩以勇猛的智慧寶劍來摧毀一切執著，利益一切眾生，如其具有如此的智慧與廣大的利生事業一般，聖普賢菩薩亦如是善巧，以三輪體空的智慧攝持一切善根，並迴向菩提。我今以發普賢行願等所累積的一切善根，迴向能夠常隨彼等菩薩修學。

如《入菩薩行》的梵語意爲趨入菩薩的行爲，即行持菩薩道、隨行菩薩之所爲；同樣地，趨入菩薩的迴向願就是行持菩薩所做的迴向，也就是文殊菩薩等如何發願迴向，我亦如是發願迴向。「文殊師利勇猛智」，文殊菩薩又名妙吉祥，藏音爲「འཇམ་དཔལ་」（蔣貝），「འཇམ་」（蔣）即梵文的「文殊」，意爲妙；「དཔལ་」（貝）即梵文的「師利」，意爲吉祥。「文殊」有平息、寂靜之意，能平息煩惱障與所知障，故爲妙；「師利」意爲圓滿自他二利，故爲吉祥。「勇猛」是非常厲害的勇士，一般人說這人很勇敢，是因爲他殺了無數的敵人或是做了別人不敢做的事，但是文殊菩薩的勇猛並非如此，而是做到凡夫難以做到的事，就是摧毀六道眾生最大的敵人——執著。煩惱的根本就是執著，文殊菩薩以智慧摧毀無始以來的執著，並且徹底斷除，利益無邊無量的眾生，故稱爲勇猛。

「普賢慧行亦復然」，普賢菩薩的慧行就是一切菩薩的智慧與行願，與文殊菩薩是完全相同的。「我今迴向諸善根，隨彼一切常修學」，我今將聽聞、讀誦、演說〈普賢行願品〉的功德利益與三世所有的善根，爲了讓自己能夠完全深入文殊菩薩的智慧與普賢菩薩的行願，因此他們如何發願、迴向，我亦如是發願、迴向。

從前西藏有兩個好朋友一起去朝聖，當見到拉薩大昭寺的覺沃佛時，其中一人口齒伶俐，他迴向說：「見到覺沃佛如同親眼見到釋迦牟尼佛，請佛陀保佑我、業障消除、家庭順遂……，最後一定要加持我等眾生往生西方極樂世界。」說畢，另一人因爲講話笨拙，等朋友說完後便說：「覺沃佛啊！我的朋友如何迴向，我也完全如是迴向，請加持我。」同樣的道理，文殊菩薩與普賢菩薩如何迴向，我們也應如是迴向，這樣的迴向就很圓滿、很完整了。

二、趨入諸佛的迴向願

三世諸佛所稱歎，如是最勝諸大願，
我今迴向諸善根，為得普賢殊勝行。

〔概要〕爲利益眾生而示現的三世諸佛，異口同聲讚嘆的就是這最殊勝的普賢諸大願。我如今也將發願等一切善根，迴向能獲得普賢殊勝的行願（佛果位）。

三世諸佛所讚嘆的殊勝迴向是什麼？就是將自己三世的一切善根迴向給盡虛空、遍法界的一切有情，乃至輪迴未窮盡之間，都會不間斷地利益眾生直至成佛，這也是普賢最勝願王的全部意涵。爲什麼普賢行願是最殊勝的大願？因爲匯集了諸佛菩薩廣大的行爲與甚深的願力，故我今爲了獲得最殊勝的普賢行願而將所有善根迴向於此，同時，這也是三世諸佛所讚嘆的迴向內容，故我亦如是迴向。

如同〈普賢行願品〉是《華嚴經》的精華，龍樹菩薩說此二頌：「文殊師利勇猛智，普賢慧行亦復然，我今迴向諸善根，隨彼一切常修學。三世諸佛所稱歎，如是最勝諸大願，我今迴向諸善根，爲得普賢殊勝行。」乃是〈普賢行願品〉的精華，所以迴向時若沒有時間念誦完整的〈普賢行願品〉，至少要誦此二頌。多羅那他尊者在《普賢行願品廣釋．諸聖者之密庫》中也說：「『文殊師利……』這二頌總集了所有迴向，因此是無上的迴向。」因為沒有其他迴向能超越文殊菩薩、普賢菩薩、三世諸佛的迴向願了。總之，諸佛菩薩所發的行願，我亦如是發願，並以此善根迴向能迅速圓滿成就我所發的普賢最勝願。

三、迴向願果現前願（導歸極樂願）

願我臨欲命終時，盡除一切諸障礙，
面見彼佛阿彌陀，即得往生安樂剎。
我既往生彼國已，現前成就此大願，
一切圓滿盡無餘，利樂一切眾生界。

〔概要〕祈願我將來面臨死亡時，能夠盡除一切業障與煩惱障，尤其是遠離親見諸佛的障礙，而能親見阿彌陀佛以及觀音菩薩、大勢至菩薩等眾眷屬。由於親見阿彌陀佛等故，清淨累世以來的罪障而獲得諸多的禪定之門，並立即化生於極樂剎土的蓮花中，所發普賢大願的一切結果，當下立即成就，無餘圓滿於自相續中，並且直至輪迴窮盡前，仍不斷地利益一切眾生。

此二偈頌是導歸極樂願，也就是極樂願文。「願我臨欲命終時，盡除一切諸障礙，面見彼佛阿彌陀，即得往生安樂剎。」願我在瀕臨死亡之際能淨除一切障礙，主要的障礙有煩惱障與業障，以及往生西方極樂世界的二個障礙：五無間罪與捨法罪。有了這些障礙，就無法往生西方極樂世界。

除此之外，如果我們累積往生西方極樂世界的四因，但卻沒有淨除疑惑的障礙，而懷疑自己是否能往生西方極樂世界，如此即使生於極樂世界的蓮花中，蓮花卻不會綻放，被困在花苞裡，雖然聽得到阿彌陀佛的法音，但見不到阿彌陀佛的尊顏，如此達五百年之久，如同坐在由珍寶打造的牢房中，待淨除所有障礙後，才能親見阿彌陀佛，如經云：「彌勒菩薩請問世尊：『我見彼剎有些眾生住於蓮花中，有些於蓮花上金剛跏趺座而住，其因爲何？』世尊答言：『前者懷有疑心修持善法發願往生，後者無有懷疑修持善法故。』」

「我既往生彼國已，現前成就此大願，一切圓滿盡無餘，利樂一切眾生界。」願我往生阿彌陀佛的淨土——極樂世界之後，以上所述普賢菩薩的一切行願，皆能一個不漏地完全現前、成就。現在我們只是發願而已，到那個時候，一切的行願都能實踐，自己不僅在阿彌陀佛面前聽聞佛法，同時又可以化身無數，到其他世界度化眾生。這裡的「利樂」是指暫時的利益與究竟的安樂，讓眾生得到暫時的利益如泯除人世間的天災人禍、無有病痛等；究竟的快樂則是使一切眾生往生西方極樂淨土、成佛。如此這般，不斷地給予安樂，直至輪迴中的眾生窮盡爲止。

此願與《極樂願文》中：「詣至極樂國，願面見彼剎，住世無量光，淨除諸罪障，四生中最勝，蓮花蕊中生，願得化身生。」只是文字的差別而已，意思完全一樣。

四、迴向獲佛親予授記願

彼佛眾會咸清淨，我時於勝蓮華生，
親睹如來無量光，現前授我菩提記。

〔概要〕 勝者無量光佛被具有諸多功德的菩薩眾眷屬圍繞著，由於內有禪定的安樂、外有大願成就的安樂，故爲極樂。祈願我化生於此極樂世界的殊勝蓮花中，不僅親見如來無量光佛，並於佛前獲得「善男子！汝於某時、某世界名爲某某佛……」的菩提授記。

「彼佛眾會咸清淨，我時於勝蓮華生，親睹如來無量光，現前授我菩提記。」此願與恰美仁波切所云相同：「以福力神變，手掌中放出，不思議供雲，願供佛眷屬，爾時願如來，展右手摸頂，得菩提授記。」所謂「彼佛」，就是指極樂世界的主尊無量光佛或無量壽佛，也就是阿彌陀佛。「眾會」在藏文的意思是指「壇城」，即諸菩薩圍繞著主尊佛，此處是大勢至菩薩、觀世音菩薩以及其他菩薩、比丘等眾眷屬圍繞著阿彌陀佛。「咸清淨」是指全部都清淨——所依與能依都清淨，極樂世界不像我們的娑婆世界經常發生天災人禍等，故是「所依清淨」；眾眷屬圍繞著主尊的景象非常莊嚴，他們內心都已成就禪定，外在也成就了行願，故為圓滿，由於內沒有煩惱、外沒有生老病死等，故為「能依清淨」。

願我當時化生於殊勝的蓮花中。《極樂願文》與《阿彌陀經》裡寫得很清楚，極樂世界不需要依靠父母生出，而是依於四生❸中的化生，因為從蓮花中化生的緣故而稱為「蓮華生」。為何這裡特別提到「親睹」？因為有些人雖然已經累積往生西方淨土的四因，一定能往生極樂世界，但是卻認為自己的業障深重而懷疑是否眞能往生淨土，由於此懷疑心作障礙的緣故，雖然生在極樂世界的蓮花中，但是蓮花在五百年期間都不會綻開，雖能耳聞如來的法音，卻無法親見如來，所以這裡說「親睹」，是希望往生時沒有疑惑的障礙，能立即親見無量光佛。一旦親見如來就能消除我們一切的業障，同時也能圓滿資糧，獲得極其殊勝的無量功德。

「現前」的藏文有親自、直接的意思，即阿彌陀佛親自授記我成就菩提，菩提即阿耨多羅三藐三菩提，就是正等正覺，意即阿彌陀佛授記我將來成佛。何謂「授記」？就是將來成佛時的名號為何、眷屬有多少、能度化多少眾生等，故此處祈願能得到菩提——成佛的授記。

五、迴向授記已利益眾生願

蒙彼如來授記已，化身無數百俱胝，
智力廣大遍十方，普利一切眾生界。

〔概要〕願在極樂世界獲得無量光佛的授記之後，我於十方一切世界中化身無數億，

❸四生：胎生、卵生、濕生、化生。

一心利他，每一剎那以方便、智慧波羅蜜多的力量，救度地獄等惡趣中的無數眾生，將彼等安置於無上菩提，直至輪迴窮盡爲止。

「蒙彼如來授記已，化身無數百俱胝」，獲得無量光佛的授記之後，立即圓滿福慧資糧，淨除一切障礙。自己在如來面前聽聞佛法，也同時化身無數，遍布在六道眾生當中。「俱胝」❹是印度的數量單位，相當於一千萬，百俱胝就是一百個一千萬，也就是十億，但俱胝前面用「無數」來形容，亦即化身無邊無際、不可勝數。

「智力廣大遍十方」，「智力」在藏文版被譯爲「心力」，心是指菩提心，菩提是「覺」的意思，所以菩提心有時可以譯爲覺心，故此心力可以解讀爲菩提心的力量；此外，阿闍黎莊嚴賢在《普賢行願王廣註》中解釋道：「所謂的心力是指智慧的力量，即智慧的特性爲無執、無礙之意。」總之，自己透過菩提心的力量而化身無數、遍滿十方，每一剎那不斷地將無數眾生從惡趣中救脫，安置於增上生、聲聞、緣覺、阿羅漢，直至無上菩提，完全無私無偏地利益所有眾生，直到輪迴窮盡爲止。如恰美仁波切所說：「成佛後如無量光，僅聞名號熟解眾，化身無數引眾生，無勤任運利有情。」也就是說，發願自己成佛以後像阿彌陀佛一樣，一切眾生僅僅聽聞佛的名號就能讓眾生成熟與解脫，並化身無量無數來度化眾生，無有勤行也能自然任運地利益一切有情。

❹ 印度有六十個數位，俱胝是其中之一。

【第三篇】

後善末義

後善末義分三：一、迴向持誦行願之善根；二、順述譯者行願之義；三、行願終跋。

一、迴向持誦行願之善根

若人誦此普賢願，我說少分之善根，
一念一切悉皆圓，成就眾生清淨願。
我此普賢殊勝行，無邊勝福皆迴向，
普願沉溺諸眾生，速往無量光佛剎。

〔**概要**〕願我因持誦普賢行願等所生的身口意的一切善根，乃至微薄的功德，全部迴向給十方一切眾生，願他們所發的清淨願能夠圓滿實現。如此發願迴向的果，不需花費很長的時間，一剎那於無勤中就能圓滿。以持誦〈普賢行願品〉等善根作迴向，其功德勝過世間的一切善，故將此無邊殊勝的功德，迴向給沉溺於生老病死等苦海中的一切眾生，願能迅速往生無量光佛的剎土並獲得無量的功德海。

「若人誦此普賢願」，任何人若聽聞、思惟、讀誦〈普賢行願品〉。「我說少分之善根」就是我所累積的善根，也可將「說」解釋為「誦」。今天我念誦、聽聞、印製〈普賢行願品〉等善根，加上這一生點點滴滴累積的一切善，如曾布施乞丐等善行。「一念一切悉皆圓，成就眾生清淨願」，一念就是一剎那，即剎那之間能完全圓滿眾生清淨的願望，所謂清淨的願就是完全為了利益他人而發願或是迴向，沒有一絲一毫的念頭是為了自己，全部都是為了成就眾生而發願。

吉美林巴大師在《成就眞言願‧入遍知城》說：「願我一切時處中，非正法、符合世俗之念，一剎那亦不生於心；願我倘若由於業力習氣強大而生顛倒之心，其亦不能成辦。」所以當我們祝福他人心想事成時，應願其善念能夠實踐、惡念不會成就。這裡的「清淨願」就是與佛法相符、能夠利益眾生的願；反之，自私自利、傷害他人的願就是不清淨的願。總之，願我今天持誦普賢願的善根，以及我這一生所累積乃至連如星點一般微小的善根，也要迴向能剎那間成熟、圓滿一切眾生的清淨願，尤其是只要誰發了普賢行願，都能圓滿成就。

「我此普賢殊勝行，無邊勝福皆迴向」，我今天持誦、實修、發願乃至專修〈普賢行願品〉的功德——如前所說有略述、廣述、攝述等的功德利益，其實不只這些，但因爲功德利益實在是太多、太廣了，所以無法完全道盡。「普願沉溺諸眾生，速往無量光佛剎」，將此無窮無盡的功德，全部迴向給沉溺苦海、被貪瞋癡等緊緊束縛的一切眾生，猶如掉落大海、命在旦夕之時獲得拯救一般，願所有眾生都能立即前往無量光佛的剎土。

覺囊派的多羅那他尊者在《普賢行願品廣釋．諸聖者之密庫》中說過：「在《甘珠爾》的《華嚴經》裡並沒有此二頌，印度其他的注疏中，除了釋迦友的《聖普賢行願王廣注》有此二頌，其餘都沒有。然而，一個印度的單行本〈普賢行願品〉中也出現過此二頌，益西德也曾在書中解釋此二頌，所以我們應了解此二頌也是《華嚴經》的一部分。」

二、順述譯者行願之義

殊勝願王證菩提，利益無邊諸眾生，
成就普賢莊嚴經，惡趣無餘皆成空。

〔概要〕祈願此等殊勝願王能成就無上菩提，並令等虛空的一切眾生能獲得暫時的利益與究竟的安樂，成就普賢菩薩在此經中以詞、義善述諸佛菩薩的無量行願，如是，十方所有三惡趣皆成空蕩。

藏文版〈普賢行願品〉全部有六十二頌，加上此偈頌爲六十三頌，據說最後這一偈頌是西藏大譯師毗盧遮那等翻譯時所添入的願文，故是譯師的行願。此偈頌意即若能如理持誦願中之王〈普賢行願品〉，則能成就殊勝尊——三寶的果位，證得無上菩提。前者「殊勝願王證菩提」爲自利——自己成佛，後者「利益無邊諸眾生，成就普賢莊嚴經，惡趣無餘皆成空。」是利他，即化身無數來利益眾生，讓眾生獲得暫時的人天安樂與究竟證得佛果位。總之，祈願此經所描述的諸佛菩薩的諸行願，我皆能一一成就，並以此來利益眾生。應如何利益眾生呢？即幫助三惡道的眾生全部脫離惡趣，使惡趣成空，一個眾生也不被遺留於惡趣中。

三、行願終跋

聖普賢行願王終。此（藏文版）為印度堪布則那牲乍（梵語）與什林詹布迪以及西藏譯師益西德（智慧軍）合力將梵文譯為藏文，大譯師毗盧遮那審稿。

後跋

〈普賢行願品〉匯集諸佛菩薩的一切行願，因此至為殊勝。本書的科判是依據札巴堅參尊者所著的《普賢行願品辭釋．自諸善說》中摘錄，並盡量以淺顯易懂的方式來闡釋，希望能對讀者有幫助。持誦〈普賢行願品〉的功德利益如前所說，功德不可思議，最簡略地來說，此生能夠長壽、健康、快樂等，來世往生西方極樂世界，進而成佛。以上內容均出自佛經，佛經是眞諦語、無有虛假，我們或許可以懷疑一個凡夫僧人說的話，但是不能懷疑佛陀的話。希望每個人都能好好實修〈普賢行願品〉，至少文字上的意涵要清楚明白，一定要下工夫。

我盡量解釋文字中含藏的意義，這樣理解上不會含糊，容易明白這部經的重點，如過去的傳統那樣作解釋。其實我自己也無法完全深入這部經的廣大深義，所以要求你們完全了解這部經也是不切實際，但是我藉由過去祖師大德對此經的詮釋與諸位一起學習，首先希望能從字面上的意思來理解，接著就能漸漸地體會、深入普賢願海。我們努力研讀〈普賢行願品〉，至少要知道自己念誦的內容以及念誦時該如何發願，如念誦略頂禮與廣頂禮時應如是觀想，念懺悔的偈頌時心裡也要如是懺悔，念請佛住世時心裡也要如是祈請，這樣念誦才有意義，心裡也會安適，這是重點。如果無法做到，就反覆仔細地閱讀〈普賢行願品〉的解釋。

〈普賢行願品〉的內容深廣、無有邊際，但是最簡單地說，可解釋為極樂四因，或是描述大士夫的八思。揚唐仁波切曾說：〈普賢行願品〉內容非常深廣，但簡略地說，即為描述往生極樂淨土的四因：

一、**明觀福田**：如「一塵中有塵數刹，一一刹有難思佛……」，這些即是描述明觀福田；

二、**積資淨障**：累積資糧與淨除業障，開頭的「所有十方世界中，三世一切人師子，……迴向眾生及佛道。」頂禮、供養、懺悔等七支供皆是描述積資淨障；

三、**發菩提心**：〈普賢行願品〉裡的每一願都是菩提心、都是為了利益眾生，但也可細分其中的「我為菩提修行時，一切趣中成宿命，……」等不忘覺心的七個願是描述菩提心；

四、**發清淨願**：雖然普賢行願全部都是清淨願，但也可以細分：「供養過去諸如來，及與現在十方佛……速往無量光佛剎。」都是描述發清淨願。

所以只要能誠心誠意地持誦〈普賢行願品〉，那麼往生西方極樂剎土的所有條件也都具足了，如果這樣的人尚不能往生極樂淨土，還有誰能往生極樂淨土？因此，當我們持誦〈普賢行願品〉時，也應思惟極樂世界的四因，此極為重要。

又或者如多羅那他尊者所說的一般，〈普賢行願品〉也描述了大士夫（菩薩）的八思，哪八思呢？

一、我何時才能去除一切衆生的痛苦：即偈頌中的「十方所有諸眾生，願離憂患常安樂。」；

二、我何時才能將貧困的衆生安置於富裕處：這在淨化剎土願、供養願以及「滿彼事業盡無餘，未來際劫恆無倦」中有描述；

三、我何時才能連自身的血肉也能夠利益衆生：這在「願身口意恆清淨」中有描述，因爲三門行利他之故，能得清淨；

四、我何時才能前往惡趣利益有情：這在「我常隨順諸眾生，盡於未來一切劫，恆修普賢廣大行，圓滿無上大菩提。」中有描述。

五、我何時才能以世間與出世間的財富，如財物與神通等功德來滿足一切衆生的所願：這在「獲得甚深正法利，……悉以諸音而說法。」中有描述；

六、我何時才能在成佛之後從輪迴中救度一切有情：以「速詣菩提大樹王……，化生無數百俱胝……。」來描述。

七、我何時才能做到若不能廣大利益衆生，即使自己能擁有圓滿的身體、財富、受用等，也永遠不取受，而要能連頭髮飄動或是呼吸都僅是爲了利益衆生：此以「三世一切諸如來，最勝菩提諸行願……。」來描述。

八、願一切衆生的罪愆、苦痛皆成熟於我，而我的善根與安樂皆成熟於一切衆生，也就是自他交換願：即「悉除一切惡道苦，等與一切群生樂，如是經於剎塵劫，十方利益恆無盡。」

此大士夫八思是一切菩薩晝夜勤行的對境，在〈普賢行願品〉中也有完整描述。因此，當我們念〈普賢行願品〉時也應思惟大士夫的八思，就等於努力修持此八思。

有位癌症末期的居士，我之前允諾在他臨終嚥氣之時爲他修法。到了那一天，我依約前往，誦的就是〈普賢行願品〉，後來這位居士走得很平靜、安詳，我能做的也僅是如此。其實我也沒有什麼修行，只是一心依靠佛菩薩、佛經而已。諦閑法師的弟子江味農居士即將往生前，道友之中有一位蔡清居士，因事耽擱直到十二點才趕到，味農仍告訴蔡清：「修持以普賢行願爲最要。」然後合掌不語，在念佛聲中安然辭世，享年六十七歲。所以若有親朋好友往生，可誦〈普賢行願品〉爲其助念，四十九日內每天都持誦迴向是最好的，否則至少在做每個七的時候都要念誦、迴向給亡者，功德不可思議。

總之，如果能夠終生發願持誦〈普賢行願品〉，眞可謂不虛此生，殊勝的功德無法用言語訴盡，如月稱菩薩說：菩薩講述佛的功德，就像鳥飛在天空，碰不到虛空的邊際，最後疲累墜落一般，菩薩也是如此，無法道盡佛的功德。此處亦然，持誦〈普賢行願品〉的功德不可勝數、深不可測，本文中「讀誦受持及演說，果報唯佛能證知。」唯有佛的智慧才能明瞭其功德，所以要好好把握，至少每天誦一遍〈普賢行願品〉。發願對修行人來說非常重要，因爲自利利他一定要有願力才能完成；如果時間充裕，請再念誦其他的祈願文如《極樂願文》《佛說彌勒菩薩發願王偈》等。

最後我推薦益西彭措堪布所寫的《普賢行願品講記》及《請入普賢願海》，閱讀之後對你們一定會有很大的幫助。

橡樹林文化 ❖❖ 善知識系列 ❖❖ 書目

JB0111	中觀勝義諦	果煜法師◎著	500 元
JB0112	觀修藥師佛——祈請藥師佛，能解決你的困頓不安，感受身心療癒的奇蹟	堪千創古仁波切◎著	300 元
JB0113	與阿姜查共處的歲月	保羅．布里特◎著	300 元
JB0114	正念的四個練習	喜戒禪師◎著	300 元
JB0115	揭開身心的奧秘：阿毗達摩怎麼說？	善戒禪師◎著	420 元
JB0116	一行禪師講《阿彌陀經》	一行禪師◎著	260 元
JB0117	一生吉祥的三十八個祕訣	四明智廣◎著	350 元
JB0118	狂智	邱陽創巴仁波切◎著	380 元
JB0119	療癒身心的十種想——兼行「止禪」與「觀禪」的實用指引，醫治無明、洞見無常的妙方	德寶法師◎著	320 元
JB0120	覺醒的明光	堪祖蘇南給稱仁波切◎著	350 元
JB0121	大圓滿禪定休息論	大遍智　龍欽巴尊者◎著	320 元
JB0122	正念的奇蹟（電影封面紀念版）	一行禪師◎著	250 元
JB0123	一行禪師　心如一畝田：唯識 50 頌	一行禪師◎著	360 元
JB0124	一行禪師 你可以不生氣：佛陀的最佳情緒處方	一行禪師◎著	250 元
JB0125	三句擊要： 以三句口訣直指大圓滿見地、觀修與行持	巴珠仁波切◎著	300 元
JB0126	六妙門：禪修入門與進階	果煜法師◎著	400 元
JB0127	生死的幻覺	白瑪格桑仁波切◎著	380 元
JB0128	狂野的覺醒：大手印與大圓滿之旅	竹慶本樂仁波切◎著	400 元
JB0129	禪修心經——萬物顯現，卻不真實存在	堪祖蘇南給稱仁波切◎著	350 元
JB0130	頂果欽哲法王　上師相應法	頂果欽哲法王◎著	320 元
JB0131	大手印之心：噶舉傳承上師心要教授	堪千創古仁波切◎著	500 元
JB0132	平心靜氣： 達賴喇嘛講《入菩薩行論》〈安忍品〉	達賴喇嘛◎著	380 元
JB0133	念住內觀：以直觀智解脫心	班迪達尊者◎著	380 元
JB0134	除障積福最強大之法——山淨煙供	堪祖蘇南給稱仁波切◎著	350 元
JB0135	撥雲見月：禪修與祖師悟道故事	釋悟因◎著	350 元
JB0136	醫者慈悲心：對醫護者的佛法指引	確吉．尼瑪仁波切 大衛．施林醫生◎著	350 元

JB0137	中陰指引——修習四中陰法教的訣竅	確吉・尼瑪仁波切◎著	350 元
JB0138	佛法的喜悅之道	確吉・尼瑪仁波切◎著	350 元
JB0139	當下了然智慧：無分別智禪修指南	確吉・尼瑪仁波切◎著	360 元
JB0140	生命的實相—— 以四法印契入金剛乘的本覺修持	確吉・尼瑪仁波切◎著	360 元
JB0141	邱陽創巴仁波切 當野馬遇見馴師：修心與慈觀	邱陽創巴仁波切◎著	350 元
JB0142	在家居士修行之道—— 印光大師教言選講	四明智廣◎著	320 元
JB0143	光在，心自在 〈普門品〉陪您優雅穿渡生命窄門	釋悟因◎著	350 元
JB0144	剎那成佛口訣——三句擊要	堪祖蘇南給稱仁波切◎著	450 元
JB0145	進入香巴拉之門—— 時輪金剛與覺囊傳承	堪祖嘉培珞珠仁波切◎著	450 元
JB0146	（藏譯中）菩提道次第廣論： 抉擇空性見與止觀雙運篇	宗喀巴大師◎著	800 元
JB0147	業力覺醒：揪出我執和自我中心， 擺脫輪迴束縛的根源	圖丹・卻准◎著	420 元
JB0148	心經——超越的智慧	密格瑪策天喇嘛◎著	380 元
JB0149	一行禪師講《心經》	一行禪師◎著	320 元
JB0150	寂靜之聲——知念就是你的皈依	阿姜蘇美多◎著	500 元
JB0151	我真正的家，就在當下—— 一行禪師的生命故事與教導	一行禪師◎著	360 元
JB0152	達賴喇嘛講三主要道—— 宗喀巴大師的精華教授	達賴喇嘛◎著	360 元
JB0153	輪迴可有道理？—— 五十三篇菩提比丘的佛法教導	菩提比丘◎著	600 元
JB0154	一行禪師講《入出息念經》： 一呼一吸間，回到當下的自己	一行禪師◎著	350 元
JB0155	我心教言——敦珠法王的智慧心語	敦珠仁波切◎著	380 元
JB0156	朗然明性： 藏傳佛教大手印及大圓滿教法選集	蓮花生大士、伊喜・措嘉、 龍欽巴、密勒日巴、祖古・◎著 烏金仁波切等大師	400 元
JB0157	跟著菩薩發願：〈普賢行願品〉淺釋	鄔金智美堪布◎著	400 元

善知識系列　JB0157

跟著菩薩發願：〈普賢行願品〉淺釋

作　　者／鄔金智美堪布
責 任 編 輯／陳怡安
業　　務／顏宏紋

總　編　輯／張嘉芳
出　　版／橡樹林文化
城邦文化事業股份有限公司
104 台北市民生東路二段 141 號 5 樓
電話：(02)2500-7696#2738　傳眞：(02)2500-1951
發　　行／英屬蓋曼群島商家庭傳媒股份有限公司城邦分公司
104 台北市中山區民生東路二段 141 號 5 樓
客服服務專線：(02)25007718；25001991
24 小時傳眞專線：(02)25001990；25001991
服務時間：週一至週五上午 09:30 ～ 12:00；下午 13:30 ～ 17:00
劃撥帳號：19863813　戶名：書虫股份有限公司
讀者服務信箱：service@readingclub.com.tw
香港發行所／城邦（香港）出版集團有限公司
香港灣仔駱克道 193 號東超商業中心 1 樓
電話：(852)25086231　傳眞：(852)25789337
Email：hkcite@biznetvigator.com
馬新發行所／城邦（馬新）出版集團 Cite (M) Sdn Bhd
41, Jalan Radin Anum, Bandar Baru Sri Petaling,
57000 Kuala Lumpur, Malaysia.
電話：(603)90563833　傳眞：(603)90576622
Email:services@cite.my

內文排版／歐陽碧智
封面設計／兩棵酸梅
印　　刷／中原造像股份有限公司

初版一刷／ 2023 年 2 月
ISBN ／ 978-626-7219-15-7
定價／ 400 元

國家圖書館出版品預行編目（CIP）資料

跟著菩薩發願：〈普賢行願品〉淺釋 / 鄔金智美堪布著 . -- 初版 . -- 臺北市：橡樹林文化，城邦文化事業股份有限公司出版：英屬蓋曼群島商家庭傳媒股份有限公司城邦分公司發行，2023.02
面 ； 公分 . --（善知識系列：JB0157）
ISBN 978-626-7219-15-7（平裝）

1.CST: 華嚴部

221.2　　111020791

104 台北市中山區民生東路二段 141 號 5 樓

城邦文化事業股份有限公司
橡樹林出版事業部　收

請沿虛線剪下對折裝訂寄回，謝謝！

橡樹林

書名：跟著菩薩發願：〈普賢行願品〉淺釋　書號：JB0157

橡樹林文化

讀者回函卡

感謝您對橡樹林出版社之支持，請將您的建議提供給我們參考與改進；請別忘了給我們一些鼓勵，我們會更加努力，出版好書與您結緣。

姓名：＿＿＿＿＿＿＿＿＿＿ □女 □男 生日：西元＿＿＿＿＿年

Email：＿＿＿＿＿＿＿＿＿＿＿＿＿＿＿＿＿＿＿＿

● 您從何處知道此書？

□書店 □書訊 □書評 □報紙 □廣播 □網路 □廣告 DM □親友介紹

□橡樹林電子報 □其他＿＿＿＿＿＿

● 您以何種方式購買本書？

□誠品書店 □誠品網路書店 □金石堂書店 □金石堂網路書店

□博客來網路書店 □其他＿＿＿＿＿＿

● 您希望我們未來出版哪一種主題的書？（可複選）

□佛法生活應用 □教理 □實修法門介紹 □大師開示 □大師傳記

□佛教圖解百科 □其他＿＿＿＿＿＿

● 您對本書的建議：

＿＿＿＿＿＿＿＿＿＿＿＿＿＿＿＿＿＿＿＿＿＿＿＿

＿＿＿＿＿＿＿＿＿＿＿＿＿＿＿＿＿＿＿＿＿＿＿＿

＿＿＿＿＿＿＿＿＿＿＿＿＿＿＿＿＿＿＿＿＿＿＿＿

＿＿＿＿＿＿＿＿＿＿＿＿＿＿＿＿＿＿＿＿＿＿＿＿

＿＿＿＿＿＿＿＿＿＿＿＿＿＿＿＿＿＿＿＿＿＿＿＿

非常感謝您提供基本資料，基於行銷及客戶管理或其他合於營業登記項目或章程所定業務需要之目的，家庭傳媒集團（即英屬蓋曼群商家庭傳媒股份有限公司城邦分公司、城邦文化事業股分有限公司、書虫股分有限公司、墨刻出版股分有限公司、城邦原創股分有限公司）於本集團之營運期間及地區內，將不定期以MAIL訊息發送方式，利用您的個人資料於提供讀者產品相關之消費與活動訊息，如您有依照個資法第三條或其他需服務之業務，得致電本公司客服。

我已經完全瞭解左述內容，並同意本人資料依上述範圍內使用。

＿＿＿＿＿＿＿＿＿＿＿＿（簽名）

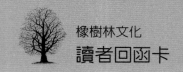

處理佛書的方式

佛書內含佛陀的法教，能令我們免於投生惡道，並且爲我們指出解脫之道。因此，我們應當對佛書恭敬，不將它放置於地上、座位或是走道上，也不應跨過。搬運佛書時，要妥善地包好、保護好。放置佛書時，應放在乾淨的高處，與其他一般的物品區分開來。

若是需要處理掉不用的佛書，就必須小心謹慎地將它們燒掉，而不是丟棄在垃圾堆當中。焚燒佛書前，最好先唸一段祈願文或是咒語，例如唵（OM）、啊（AH）、吽（HUNG），然後觀想被焚燒的佛書中的文字融入「啊」字，接著「啊」字融入你自身，之後才開始焚燒。

這些處理方式也同樣適用於佛教藝術品，以及其他宗教教法的文字記錄與藝術品。

ཡི་གེ་ཉི་ཤུ་རྩ་དྲུག་པ་འདི་དཔེ་ཆའི་ནང་དུ་བཞག་ན་དཔེ་ཆ་དེ་ཅི་འདྲར་
བགོམས་ཀྱང་ཉེས་པ་མི་འབྱུང་བར་འཇམ་དཔལ་རྩ་རྒྱུད་ལས་གསུངས་སོ། །

此咒置經書中　可滅誤跨之罪